ADOLPHE JOANNE

GÉOGRAPHIE

DE

MEURTHE-ET-MOSELLE

17 gravures et une carte

HACHETTE ET CIE

GÉOGRAPHIE

DU DÉPARTEMENT

DE

MEURTHE-ET-MOSELLE

AVEC UNE CARTE COLORIÉE ET 17 GRAVURES

PAR

ADOLPHE JOANNE

AUTEUR DU DICTIONNAIRE GÉOGRAPHIQUE ET DE L'ITINÉRAIRE
GÉNÉRAL DE LA FRANCE

PARIS

LIBRAIRIE HACHETTE ET Cie

79, BOULEVARD SAINT-GERMAIN, 79

1881

Droits de traduction et de reproduction réservés

TABLE DES MATIÈRES

DÉPARTEMENT DE MEURTHE-ET-MOSELLE.

I	1	Nom, formation, situation, limites, superficie.	3
II	2	Physionomie générale.	4
III	3	Cours d'eau.	10
IV	4	Climat.	20
V	5	Curiosités naturelles.	22
VI	6	Histoire.	22
VII	7	Personnages célèbres.	38
VIII	8	Population, langue, culte, instruction publique.	41
IX	9	Divisions administratives.	42
X	10	Agriculture, productions.	46
XI	11	Industrie; produits minéraux.	49
XII	12	Commerce, chemins de fer, routes.	53
XIII	13	Dictionnaire des communes.	57

LISTE DES GRAVURES

1	Vallée de la Moselle.	9
2	Toul.	12
3	Pont-à-Mousson.	13
4	Saint-Nicolas-du-Port.	17
5	Découverte du corps de Charles le Téméraire sur le champ de bataille.	29
6	Nancy.	55
7	Le chemin de fer et le pont-canal près de Liverdun.	55
8	Liverdun.	64
9	Lunéville.	65
10	Château de Lunéville.	66
11	Église Saint-Jacques, à Lunéville.	67
12	Porte du palais ducal, à Nancy.	69
13	Place Carrière à Nancy.	71
14	Place Stanislas, à Nancy.	72
15	Cathédrale de Nancy.	73
16	Place de Pont-à-Mousson.	75
17	Cathédrale de Toul.	77

DÉPARTEMENT

DE

MEURTHE-ET-MOSELLE

I. — Nom, formation, situation, limites, superficie.

Le département de Meurthe-et-Moselle doit son *nom* à ses deux principales rivières : la Meurthe, qui baigne Lunéville et Nancy, et la Moselle, qui arrose Toul et reçoit la Meurthe.

Il a été *formé*, en 1871 : 1° des arrondissements de Nancy, Toul et Lunéville, qui formaient auparavant, avec les arrondissements de Château-Salins et de Sarrebourg, cédés à l'Allemagne, le département de la Meurthe ; 2° de l'arrondissement de Briey, seul lambeau du département de la Moselle que nous aient laissé nos désastres. Son territoire appartenait, avant 1790, en partie à l'ancienne **Lorraine**, en partie aux **Trois-Évêchés** de Metz, Toul et Verdun.

Le département de Meurthe-et-Moselle est *situé* dans la région nord-est de la France. A l'ouest, quatre départements, Meuse, Marne, Seine-et-Marne et Seine-et-Oise, le séparent de Paris. Son chef-lieu, Nancy, est à 353 kilomètres de Paris par le chemin de fer, à 280 seulement en ligne droite. Le département est traversé, à 11 kilomètres à l'ouest de Lunéville, par le 4ᵉ degré est du méridien de Paris. Dans l'autre sens, c'est-à-dire de l'ouest à l'est et non plus du nord au sud, à 5 ou

6 kilomètres au nord de Thiaucourt, il est coupé par le 49ᵉ degré de latitude nord ; il est par conséquent de 4 degrés plus rapproché du Pôle que de l'Équateur, que séparent l'un de l'autre 90 degrés ou un quart de cercle. Nancy est à peu près sous la même longitude que Vesoul et Genève, sous la même latitude que Vitry-le-François, Dreux, Argentan et Avranches.

Meurthe-et-Moselle a pour *limites* : à l'est, l'Alsace-Lorraine ; au nord, le grand-duché de Luxembourg et la Belgique ; à l'ouest, le département de la Meuse ; au sud, celui des Vosges. Ces frontières sont plus conventionnelles que naturelles : à l'est, la Seille les forme sur une grande longueur ; à l'ouest, la Crusne et l'Othain sur quelques kilomètres. Au sud-est, la vallée profonde où coule la Plaine sépare Meurthe-et-Moselle du département des Vosges.

La *superficie* du département de Meurthe-et-Moselle est de 523,234 hectares ; sous ce rapport, c'est le 69ᵉ département ; en d'autres termes, 68 sont plus étendus. Il a la forme d'un triangle auquel est soudé, au nord, par un isthme large de 8 kilomètres, une bande de territoire comprenant l'arrondissement de Briey. Sa plus grande *longueur*, du sud au nord, de Courcelles à Mont-Saint-Martin, est de 132 kilomètres ; sa plus grande *largeur*, de l'ouest à l'est, de Mont-le-Vignoble à Raon-les-Leau, est de 88 kilomètres.

II. — Physionomie générale.

Le département de Meurthe-et-Moselle, l'un des plus boisés de la France comparativement à son étendue, puisque les forêts couvrent presque le quart de sa superficie, est généralement accidenté. Le point le moins élevé au-dessus du niveau de la mer est celui où la Moselle quitte le département, par 170 mètres environ, pour entrer en Allemagne ; les points les plus hauts, les cimes des Vosges, sur la lisière de l'Alsace-Lorraine, ont environ 900 mètres, ce qui donne une différence de 730 mètres, suffisante pour varier le climat. Le département, d'ailleurs, a des sols fort divers : l'oolithe, le trias et le lias y dominent. Sous le rapport géologique, il présente cinq régions distinctes.

La première région est formée par les montagnes des **Vosges**, qui s'étendent au sud-est et à l'est de Lunéville, sur une longueur de 17 à 18 kilomètres à vol d'oiseau et une largeur de 14 kilomètres environ. Les Vosges surgissent dans l'arrondissement de Lunéville, à 800 mètres environ de la rive droite de la Meurthe, au point où cette rivière entre dans le département. Ce ne sont d'abord que des collines de 320 à 340 mètres d'altitude. Mais à l'est, sur la rive droite de la Plaine, des montagnes de 500, 600, 700, 800 et même 900 mètres, s'élevant brusquement, forment une chaîne parallèle à celle de la rive gauche de la Plaine, moins escarpée mais plus haute. Dans la partie des Vosges appartenant au canton de Cirey, les montagnes sont plus élevées et deviennent escarpées à mesure que l'on approche de leur sommet. Les vallées, plus nombreuses, donnent naissance à plusieurs rivières, notamment à la Vezouse. En quelques endroits, surtout aux environs de Saint-Sauveur, elles présentent des sites véritablement grandioses. Les lieux habités sont rares dans cette région, couverte par les *forêts du Grand* et *du Petit-Clos, des Élieux* et *du Bousson*. Ils deviennent plus communs sur le versant qui s'abaisse en pente douce vers le nord-ouest, et sur la Plaine, en remontant la rivière. Quelques scieries ou des maisons isolées sont les seuls lieux d'habitation que l'on trouve. Les cimes les plus élevées sont le *Grand-Rougemont* (622 mètres), le *Motimont* (682 mètres), la chaîne de *Réquival* (841 mètres), etc.

Les Vosges sont constituées par le terrain appelé, de leur nom, grès vosgien. Ce terrain appartient à la formation nommée par les géologues *pencenne*, et se compose de grains de quartz hyalin (cristal de roche) adhérant fortement ensemble, bien que le ciment d'oxyde de fer qui les unit soit peu abondant. Sa couleur est une nuance rouge pâle se rapprochant du rouge de la brique, mais quelquefois violacée ou jaunâtre. Le grès des

Vosges renferme aussi des galets arrondis qui sont formés de quartz de nature variée.

Au nord et au nord-ouest de la région des Vosges s'étend une DEUXIÈME RÉGION, bornée à l'ouest et au nord par une ligne qui, suivant la rive gauche de la Moselle, dès son entrée dans le département au sud, jusqu'à la hauteur de Messein, revient ensuite à l'est, le long de la Meurthe, de Saint-Nicolas à Lunéville, et gagne la limite orientale du département par l'arête qui sépare le bassin de la Vezouse de celui du Sanon. Cette région, qui renferme plusieurs communes de l'arrondissement de Nancy, coupe sur une largeur moyenne de 20 kilomètres l'arrondissement de Lunéville. Les vallées y sont fort larges et peu profondes, ordinairement fertiles et parsemées de riches prairies. Les collines ont en général une hauteur de 300 à 350 mètres ; sur leurs sommets s'étendent des forêts, bien moins importantes que celles des Vosges et dont la principale est celle de *Mondon*.

Cette région appartient géologiquement au calcaire nommé *conchylien* à cause des nombreuses coquilles qu'il renferme. Mais ce calcaire ne s'étend pas jusqu'au pied des Vosges ; il en est séparé par une zone de *grès bigarré* large de 1 à 4 kilomètres. Le grès bigarré doit son nom à ses couleurs variées ; il fournit de belles pierres de taille.

La TROISIÈME RÉGION comprend quelques communes orientales de l'arrondissement de Nancy, le nord-est et le nord de l'arrondissement de Lunéville. Le sol en est accidenté et les prairies en sont fertiles ; mais peu de sommets y atteignent l'altitude de 300 mètres. Le pays reste boisé (forêts de *Paroy*, 2,500 hectares ; de *Saint-Jean-Fontaine* ; de *Ranzey* ; de *Saint-Paul*) et assez pittoresque. C'est dans cette région que se trouvent les sources salées les plus riches de la France, exploitées surtout à Varangeville et à Saint-Nicolas. Une énorme masse de sel gemme s'étend sous le sol qui, par sa nature, appartient aux *marnes irisées*, sorte d'argiles de diverses couleurs recouvrant des bancs calcaires formés en partie de magnésie. Les marnes irisées appartiennent, ainsi que le calcaire coquillier et le grès bigarré, à la formation triasique.

À l'ouest du trias, apparaissent les terrains calcaires appelés *jurassiques* parce que la chaîne du Jura en fournit le type le plus frappant. Ils se subdivisent en deux étages, dont chacun forme une région distincte.

Le *lias*, terrain composé de calcaire, d'argile et de quartz, forme l'étage inférieur jurassique et la QUATRIÈME RÉGION naturelle de Meurthe-et-Moselle. Cette région comprend, du sud au nord, presque tout l'arrondissement de Nancy. Limitée, au nord-ouest, par les collines qui dominent la rive gauche de la Moselle, elle est coupée de fertiles vallées dont les plus profondes sont dominées par des collines hautes de plus de 100 mètres ; les plus belles et les plus fertiles sont celles de la Seille, de la Meurthe, du Madon et de la Moselle. Cette dernière rivière, après avoir quitté la région du lias pour aller baigner Toul, y rentre à Liverdun, au delà de l'embouchure de la Meurthe. Dans cette partie de son cours, la Moselle est bordée de collines fort élevées, surtout sur la rive droite où elles atteignent jusqu'à 400 mètres d'altitude, qui appartiennent, non au lias, même sur la rive droite, mais à la formation oolithique, à laquelle se rattachent aussi quelques sommets, dans le canton de Vézelise et entre Amance et Nancy.

Les collines oolithiques les plus élevées parmi celles qui sont assises sur le lias, sont, sur la rive droite de la Moselle, depuis le confluent de la Meurthe : le *mont Saint-Jean* (407 mètres), la *montagne de Sainte-Geneviève* (390 mètres), la colline de *Mousson* (386 mètres), les hauteurs qui dominent la Moselle à la sortie du département (401 mètres). Entre Amance et Nancy, sur la rive droite de la Meurthe, le *Grand-Mont*, près d'Amance, a 410 mètres ; la montagne qui sépare Leyr de Bouxières-aux-Chênes, 406 mètres ; le bois de Faulx, 405 mètres ; dans le canton de Vézelise, la côte de *Pulney* a 490-524 mètres, le *mont Curel* 453 mètres, et la côte de *Vaudémont* 490-545. C'est dans cette colline que se trouvent les villages les plus élevés du département : Saxon-Sion (490-495 mètres) et Vaudémont (530 mètres environ).

Une portion de la chaîne jurassique qui traverse le département offre un certain développement au centre du pays, et s'étend sur la rive droite de la Moselle, entre cette rivière et la Meurthe. Vers le nord, elle s'élargit bien plus encore et forme aussi un plateau considérable dont Briey occupe à peu près le centre et qui s'étend jusqu'aux frontières du Luxembourg. Ce plateau, terminé à l'est par une falaise assez élevée, est connu sous le nom de *Pays-Haut*. D'une altitude moyenne relativement considérable, il va se rattacher aux Ardennes : si l'on excepte les vallées, il ne présente que de légères ondulations. Son point culminant (431 mètres) est près de Bréhain-la-Ville. La partie méridionale de l'arrondissement de Briey est occupée par une plaine immense et fertile, mais très-monotone, la *Woëvre*, dont les plateaux ondulés vont se perdre, à l'ouest, dans le département de la Meuse. Le Pays-Haut et tout l'arrondissement de Briey composent avec celui de Toul la CINQUIÈME RÉGION, formée géologiquement des terrains appelés *oolithiques* (ὠόν, œuf, λίθος, pierre), parce que leur texture granuleuse les fait ressembler à des œufs de poisson pétrifiés. L'oolithe, qui n'est que le second étage du calcaire jurassique, se subdivise elle-même en trois étages. L'étage inférieur, composé de roches fort dures et découpé en collines escarpées, se voit à peu près seul dans le département.

L'oolithe forme les sommets les plus élevés après ceux des Vosges ; mais ces sommets se trouvent isolés dans le lias (*V.* ci-dessus). Les collines qui font partie de la masse principale de l'oolithe atteignent aussi une grande hauteur : au sud de l'arrondissement de Toul, vers Beuvezin (470-491 mètres), dans la *forêt de Saint-Amond* (450-460 mètres), dans le bois de *Saulxures-lès-Vannes* (404 mètres) et dans la forêt au-dessus de *Meine* (434 mètres), près de Thélod (455 mètres), près de Barisey-la-Côte (415 mètres), dans le *bois de Crépey* (425 mètres) et près de Goviller (*mont d'Anon*, 439 mètres). Entre la Meurthe et la Moselle s'étend, sur un plateau de 350-

Vallée de la Moselle.

400 mètres, l'immense *forêt de Haye* (6,614 hectares). Dans cette plaine s'ouvrent de profonds vallons, étroits et escarpés, connus dans le pays sous le nom de *fonds* ; ces vallons, très-sauvages, se réunissent presque tous au-dessous des Baraques, pour former la vallée de Champigneulles, qu'on désigne généralement sous le nom de *vallée des Fonds de Toul*.

Au nord de la Moselle, les collines ne dépassent plus 350 à 380 mètres (*mont Saint-Michel*, près de Toul, 385 mètres) ; les plateaux qui les couronnent sont plus inclinés, et les pentes un peu moins raides. Mais elles offrent des sites pittoresques, tantôt gracieux, tantôt grandioses, et réunissant quelquefois ces deux caractères. Liverdun, en particulier, est un village dont la nature s'est plu à embellir les alentours : rocs escarpés, larges vallées, prairies, bosquets, rivières, s'y trouvent réunis.

Les deux grandes vallées de la Meurthe et de la Moselle, dans leur passage à travers la chaîne jurassique, ont une physionomie qui leur est propre. De grasses prairies s'étendent le long de leur cours d'eau, dans toute la région basse ; sur les versants, le sol se relève en une zone de champs cultivés, au-dessus desquels des vignobles occupent les pentes bien exposées ; enfin des bois couronnent généralement le sommet des coteaux, et s'étendent aussi sur les plateaux où la culture des céréales leur dispute une partie du sol.

III. — Cours d'eau.

Toutes les eaux du département de Meurthe-et-Moselle descendent au Rhin par la Moselle et par la Meuse.

Le **Rhin** ne touche pas le département de Meurthe-et-Moselle ; le point de son cours qui en est le plus rapproché en est éloigné de 45 kilomètres environ à l'est à vol d'oiseau. C'est un des plus beaux fleuves de l'Europe. Long de 1,320 kilomètres, dans un bassin d'environ 25 millions d'hectares, il roule en moyenne 1,728 mètres cubes ou 1,728,000 litres d'eau par seconde lorsqu'il a reçu tous ses affluents, sauf la Meuse. Né en Suisse, dans les Grisons, de torrents fougueux descendus de glaciers qui reposent sur des monts de plus de 3,000 mètres, près du massif du Saint-Gothard, il traverse le lac de Constance, forme la célèbre cascade de Schaffhouse, haute de 20 mètres, côtoie l'Alsace, puis traverse l'Allemagne. Il laisse à 6 kilomètres à gauche Strasbourg, arrose Mayence, Coblentz, Cologne, puis, entrant en Hollande, il y mêle ses bras à ceux de la Meuse et se perd dans la mer du Nord.

La **Moselle** naît à 725 mètres d'altitude, dans le massif où se dressent le Drumont, le Bresson et le Ballon d'Alsace, au pied de la côte de Taié, à peu de distance du col de Bussang, canton de Ramonchamp (Vosges). Après avoir baigné Remiremont et Épinal, elle entre dans le département de Meurthe-et-Moselle près de Gripport, par environ 267 mètres d'altitude, pour suivre jusqu'à Toul la direction du nord-ouest. A Toul, elle tourne vers le nord-est, direction qu'elle quitte à Frouard, près du confluent de la Meurthe, pour couler désormais au nord. Les communes du département traversées par la Moselle sont : Gripport, Bainville-aux-Miroirs, Mangonville, Virecourt, Roville, Bayon (250 mètres), Lorey, Neuviller, Saint-Mard, Velle, Tonnoy, la Basse-Flavigny, Richardménil, Méréville, Messein, Pont-Saint-Vincent (220 mètres), Neuves-Maisons, Sexey-aux-Forges, Maron, où la vallée se resserre entre les hauteurs que recouvrent les forêts de Haye et de Bois-l'Évêque ; Pierre-la-Treiche, Chaudeney, Dommartin, Toul ; elle prête, de Toul à Frouard, sa vallée au canal de la Marne au Rhin, baigne Gondreville, Fontenoy, Villey-Saint-Étienne, Aingerey, Liverdun, Frouard, Pompey, Custines, Marbache, Millery, Autreville, Belleville, Dieulouard, Loisy, Blénod, Atton, Pont-à-Mousson, Vandières, Champey, Vittonville, Pagny et Arnaville. Enfin, par 174 mètres d'altitude, elle pénètre sur le territoire allemand : elle y passe devant Metz et devant Thionville avant d'arriver à l'ancienne frontière française, par

140 mètres d'altitude, avec une masse d'eau dont la moyenne est considérable, mais qui, dans la saison sèche, s'abaisse généralement à 24 mètres cubes et demi par seconde et peut même descendre à 16 et demi. En aval de Sierck, elle franchit l'ancienne frontière française, baigne, en Prusse, la ville de Trèves et se jette dans le Rhin à Coblentz, rive gauche, après avoir été renforcée, depuis sa sortie de France, par la Sarre, rivière jadis en grande partie française, et la Sure, qui vient du grand-duché de Luxembourg. Les bords

Toul.

de la Moselle sont fort beaux, en France comme en Allemagne : dans cette dernière contrée, les coteaux qui dominent la rivière donnent des vins renommés. Le cours de la Moselle est d'un peu plus de 500 kilomètres, dont environ 265 en France, où sa largeur, au-dessous du confluent de la Meurthe, est en moyenne de 120 mètres. La Moselle est flottable à partir d'Épinal (Vosges), mais elle ne devient plus ou moins navigable que dans le département de Meurthe-et-Moselle, à Frouard, où elle reçoit le tribut important de la Meurthe.

La Moselle reçoit, en Meurthe-et-Moselle, outre un nombre considérable de ruisselets, l'Euron, le Madon, la Bouvade, l'Ingressin, le Terrouin, la Meurthe, l'Ache ou Esse, le Trey, la Made, Math ou Rupt de Mad; et, hors du département, la Seille, l'Orne et l'Alzette.

L'*Euron*, qui n'est qu'un ruisseau, commence sur le territoire des Vosges, entre Charmes et Rambervillers, baigne Saint-Boingt, Rozelieures, Clayeures, Froville, croise le chemin de fer de Vesoul à Nancy, passe à Bayon, puis à Lorey, et tombe, 1,500

Pont-à-Mousson.

mètres plus bas, dans la Moselle (rive droite). Il reçoit de nombreux ruisseaux, dont le moins insignifiant est le *Loro*, près de Froville (rive gauche).

Le *Madon*, affluent de gauche ayant environ 100 kilomètres de cours, naît près de Vioménil, dans une colline des monts Faucilles qui donne également naissance à la Saône. Son cours, passablement sinueux, est exactement dirigé du sud au nord dans une vallée où les villages sont fort rapprochés. Dans les Vosges, le Madon passe à Mirecourt; en Meurthe-et-Moselle, il arrose les communes de Bralleville, Jevoncourt, Xirocourt, Vaudigny, Affracourt, Haroué, Gerbécourt, Lémainville, Voinémont, Ceintrey, Pulligny, Pierreville, Froloy, Xeuilley et Bainville. Il rejoint la Moselle près de Pont-Saint-Vincent (rive gauche), par 220 mètres d'altitude. Il prête, à partir de Ceintrey, sa vallée au chemin de fer de Mirecourt à Nancy. — Parmi les nombreux ruisseaux dont il recueille les eaux, on ne peut guère citer que le Brénon et le ruisseau d'Athenay. Le *Brénon* (24 kilomètres) naît près de Pulney, dans des monts de 524 mètres, coule dans une vallée creusée au sein de plateaux jurassiques, passe à Vézelise, où tombe l'*Uvry*, et se jette dans le Madon près d'Autrey (rive gauche). — Le *ruisseau d'Athenay*, qui débouche à Xeuilley (rive gauche), est formé par la réunion de trois petits cours d'eau ayant leur origine dans les communes d'Houdelmont et de Parey-Saint-Césaire.

La *Bouvade* naît à 2 kilomètres à l'ouest de Colombey, dans des plateaux de 317 mètres, baigne Bicqueley et se jette dans la Moselle (rive gauche) à 4 kilomètres en amont de Toul.

L'*Ingressin*, qui se jette dans la Moselle (rive gauche) à Toul, prête son vallon au canal de la Marne au Rhin et au chemin de fer de Paris à Strasbourg.

Le *Terrouin* (27 kilomètres) naît à 271 mètres d'altitude, près de la Neuveville-derrière-Foug, baigne Sauzey, recueille par le *ruisseau de Woëvre* les eaux des étangs de la forêt de la Reine, passe à Ménil-la-Tour, à Andilly, et tombe dans la Moselle (rive gauche) en face d'Aingerey.

La Meurthe est décrite ci-dessous, page 16.

L'*Ache* ou *Esse* sort d'un étang de la forêt de la Reine, baigne Ansauville, Minorville, Martincourt, Griscourt, Jézainville, Blénod, et se perd dans la Moselle (rive gauche) à Pont-à-Mousson. Cours, 35 kilomètres.

Le *Trey* arrose Vilcey, Villers-sous-Prény, Vandières, croise le chemin de fer de Nancy à Metz, et atteint la Moselle (rive gauche) en face de Vittonville.

La *Made*, *Math* ou *Rupt de Mad*, naît à Girauvoisin (Meuse), à 6 kil. de Commercy, entre en Meurthe-et-Moselle, arrose une partie de la plaine de la Woëvre, Saint-Baussant, Maizerais, Essey, Euvezin, Bouillonville près duquel débouche (à gauche) la *Madine*, coule ensuite dans une jolie vallée, baigne Thiaucourt, Jaulny, Rembercourt, Villecey, Onville, Wandelainville, Bayonville, Arnaville et se joint, 600 mètres plus loin, à la Moselle (rive gauche). Cours, 42 kilomètres. Le débit de la Made, aux eaux ordinaires, est de 450 litres par seconde.

La **Seille** sort de l'étang de Lindre (Alsace-Lorraine), situé à 216 mètres d'altitude, baigne Dieuze, Marsal, Moyenvic et Vic, puis entre en Meurthe-et-Moselle. Prêtant, de Vic à Brin, sa vallée au chemin de fer de Nancy à Château-Salins et à Vic, elle sert sur un long parcours de limite entre le département et l'Alsace-Lorraine. En France, elle baigne les communes de Brin-Haute, Bey, Lanfroicourt, Arraye, Chenicourt, Létricourt, Thézey-Saint-Martin, Phlin, Mailly, Abaucourt, Nomeny, Rouve, Clémery, Port-sur-Seille, Morville-sur-Seille, puis entre en Alsace-Lorraine et se jette dans la Moselle (rive droite) à Metz. Elle a un cours très-sinueux de 130 kilomètres, dans un lit vaseux, entre des rives peu élevées. Son courant est extrêmement lent, sa largeur de 7 à 15 mètres, son débit de 6^m20 cubes par seconde.

L'**Orne** naît au-dessus d'Orne, canton de Charny (Meuse), par 274 mètres d'altitude, au pied d'une colline de 354 mètres, coule dans l'immense et fertile plaine de la Woëvre, passe à Étain, et entre, en aval de Parfondrupt, dans le département de Meurthe-et-Moselle. Elle baigne Jeandelize, Puxe, Boncourt, Conflans-en-Jarny, Labry, Hatrize, Moineville, Auboué, Homécourt, Jœuf, coule au pied des collines qui portent la vaste forêt de Moyeuvre, entre en Alsace-Lorraine et tombe dans la Moselle (rive gauche) au-dessous de Richemont. Cours, 86 kilomètres. A pleins bords, l'Orne roule, au-dessus du confluent de l'Iron, 49 mètres cubes par seconde. Elle prête sa vallée au chemin de fer de Reims à Metz, puis à l'embranchement de Briey. — L'Orne reçoit : à Conflans, (rive droite) l'*Iron* ou *Yron* (35 kilomètres), qui prend sa source près de Vigneulles (Meuse) coule dans la vaste plaine de la Woëvre, passe à Hannonville, Ville-sur-Yron, et reçoit, à gauche, le *Longeau*, grossi de la *Seigneulle*; — à Auboué, (rive gauche) le *Wagot*, qui passe à Briey.

L'*Alzette*, qui n'a qu'une faible partie de son cours supérieur en Meurthe-et-Moselle, naît au pied des collines de Thil (443 mètres), baigne Villerupt, traverse une parcelle du territoire de l'Alsace-Lorraine, entre dans le Luxembourg, passe au pied d'Arlon et se jette dans la Sure, affluent de la Moselle.

La **Meurthe**, l'affluent le plus important de la Moselle, longue d'environ 160 kilomètres, large en moyenne de 80 mètres dans son cours inférieur, est un tributaire de droite. Elle se forme près d'Anould (Vosges), à 460 mètres environ au-dessus du niveau de l'Océan, par la rencontre de deux petites rivières rapides, toutes deux issues du versant occidental des Vosges : l'une vient de Ban et de Clefcy, l'autre passe à Fraize. La Meurthe coule vers le nord-ouest, dans une direction parallèle à la Moselle, avec une tendance naturelle à s'approcher de cette rivière. Dans le département des Vosges, elle baigne Saint-Dié. Prêtant sa vallée au chemin de fer de Saint-Dié à Lunéville, elle entre, par 284 mètres environ d'altitude, en Meurthe-et-Moselle, où elle arrose les communes de Thiaville, la Chapelle, Bertrichamps, Deneuvre, Baccarat, Glonville, Azerailles, Flin, Vatiménil, Chénevières, Saint-Clément, Moncel-lès-Lunéville et Lunéville. A partir de cette ville jusqu'à son embouchure, le chemin de fer de Paris à Avricourt emprunte sa vallée. La Meurthe baigne ensuite Rehainviller, Mont-sur-Meurthe, Blainville-la-Grande, Damelevières, village près duquel elle croise le chemin de fer de Nancy à Gray, Rosières-aux-Salines, Saint-Nicolas-du-Port, Varangeville, passe sous le pont-canal servant au canal de la Marne au Rhin, arrose Art-sur-Meurthe, Laneuveville-devant-Nancy, Jarville, Tomblaine, Nancy, Malzéville, Champigneulles, croise le chemin de fer de Nancy à Château-Salins et rejoint la Moselle, à la Gueule-d'Enfer, en aval de Frouard. Flottable en trains à partir du confluent de la Fave, la Meurthe est censée navigable de Nancy à son embouchure, pendant 14 kilomètres, mais en réalité peu de bateaux se confient à son courant, tandis que le flottage des bois n'y manque pas d'activité.

La Meurthe reçoit (rive droite) à Raon-l'Étape (Vosges), la *Plaine*, rivière qui sert, sur une grande partie de son cours, de démarcation entre les Vosges et Meurthe-et-Moselle; elle est flottable en trains. En Meurthe-et-Moselle, la Meurthe recueille, outre une foule de petits ruisseaux : — en aval de Lunéville,

Saint-Nicolas-du-Port.

(rive droite) la **Vezouse** (64 kilomètres de cours, 10 à 12 mètres de largeur moyenne), qui se forme à Cirey (500 mètres d'altitude) de deux branches descendues des Vosges, et prenant leurs sources dans la forêt de Bousson, au pied de sommets de 665 à 745 mètres; baigne Cirey, Blâmont, Domêvre, Fréménil, Thiébauménil, Marainviller, Croismare, Chanteheux et Lunéville; elle sert au flottage des bois de sapins de la montagne. La Vezouze a pour affluents: le *Richeval* à Blâmont, le *Vacon* en amont et l'*Albe* en aval de Domèvre, la *Blette* à Herbéviller, la *Verdurette*, les *ruisseaux de l'Étang* et *de la Neuveville-aux-Bois* ; — à Mont-sur-Meurthe, (rive gauche) la *Mortagne* (70 kilomètres dont 20 à 25 dans le département), qui naît dans le département des Vosges, au sud-ouest de Saint-Dié, dans des monts d'environ 700 mètres d'élévation ; elle se nomme d'abord *ruisseau des Rouges-Eaux* et baigne Rambervillers. En Meurthe-et-Moselle, où elle entre à l'embouchure de l'*Embleuvette* (rive droite), elle baigne Magnières, Vallois, Moyen, Gerbéviller, Haudonville, Lamath et Xermaménil ; — à 5 kilomètres en amont de Saint-Nicolas-du-Port, par 210 mètres d'altitude (rive droite) le *Sanon* (54 kilomètres), qui naît dans la forêt de Réchicourt (Alsace-Lorraine), au pied de collines de 347 mètres, et, suivant le canal de la Marne au Rhin, arrose les communes de Xures, Mouacourt, Paroy, Hénaménil, Bauzemont, Einville, Maixe, Crévic, Sommerviller et Dombasle. Le Sanon reçoit des torrents descendus de la vaste forêt de Paroy ; — en aval de Champigneulles, (rive droite) l'*Amezule*.

La **Meuse** ne touche point Meurthe-et-Moselle, mais elle en passe fort près (1,500 mètres à vol d'oiseau un peu au sud de Pagny-sur-Meuse). La Meuse, généralement considérée comme un fleuve, est en réalité un grand tributaire du Rhin, avec les eaux duquel elle se mêle dans les plates campagnes de la Hollande. Toutefois les diverses embouchures communes à ces deux fleuves portent le nom de Bouches de la Meuse. Son cours est diversement estimé à 800 ou 900 kilomètres ; sa masse d'eau, lorsqu'elle rencontre le Rhin, est incomparablement inférieure à celle de ce grand cours d'eau, et sa largeur varie entre 80 ou 100 et 150 mètres. A sa sortie de la France, après un parcours sinueux d'environ 500 kilomètres, elle roule à l'étiage ordinaire 27 mètres cubes d'eau par seconde, et 600 dans les grandes crues. La Meuse naît sur le plateau de Langres, baigne Neufchâteau, Commercy, Saint-Mihiel, Verdun, Sedan, Mézières et Charleville ; elle entre ensuite en Belgique et y baigne Namur et Liége, enfin en Hollande où elle rencontre Maëstricht et se confond avec deux bras du Rhin, le Wahal et le Leck.

Meurthe-et-Moselle envoie à la Meuse deux cours d'eau, qui ont leur embouchure, sur la rive droite, l'un, le Colomoy, dans le département de la Meuse, l'autre, la Chiers, dans les Ardennes.

Le *Colomoy*, qui baigne Vannes-le-Châtel, Uruffe et Gibeaumeix, a son confluent à 4 ou 5 kilomètres en aval de Vaucouleurs.

La *Chiers* (112 kilomètres) prend sa source dans le Luxembourg belge, entre dans le département de Meurthe-et-Moselle en amont de la colline qui porte Mont-Saint-Martin, coule dans une vallée profonde de 100 à 150 mètres, près de Longlaville, baigne Longwy (Ville-Basse), Rehon, Cons-Lagrandville, entre Montigny et Fermont, à Viviers, Longuyon, Colmey, Flabeuville, Villette, Charency-Vezin, entre dans le département de la Meuse où elle arrose Montmédy, puis dans les Ardennes où elle rejoint la Meuse, à 7 kilomètres en amont de Sedan. — La Chiers reçoit : — au-dessous de Longwy, (rive gauche) la *Côte-Rouge*, qui sert pendant 5 ou 6 kilomètres de limite entre Meurthe-et-Moselle et le grand-duché de Luxembourg ; elle passe à Hussigny, à Saulnes, à Herserange et se grossit de la *Moulaine ;* — à Longuyon, (rive gauche) la *Crusne* ou *Crune*, qui naît non loin de Crusnes, passe près d'Errouville, de Serrouville, de Joppécourt, de Boismont, à Mainbotel (papeterie) et à Pierrepont (usine à drap), prête sa vallée au chemin de fer de Thionville à Mézières puis, sur une petite longueur, à celui de Conflans à Longuyon, et, servant de limite, sur une petite étendue, entre les départements de Meurthe-et-Moselle et de la Meuse, baigne Pierrepont ; — à 1 kilomètre en amont de Montmédy (Meuse), l'*Othain* (rive droite), *Hotain* ou *Oltin* (70 kilomètres), qui sort, sous le nom de ruisseau du Breuil, d'un étang de Norroy-le-Sec, entre, au-dessus d'Affleville, dans le département de la Meuse, rentre dans celui de Meurthe-et-Moselle où il baigne Grand-Failly, Petit-Failly et Saint-Jean, sert pendant quelques kilomètres de limite entre les deux départements, et passe définitivement dans le département de la Meuse.

Enfin un ruisseau, l'*Aroffe*, qui prend sa source au-dessus de Tramont-Lassus, disparaît dans un gouffre sous les roues du moulin de Gémonville.

Étangs. — Il existe d'assez nombreux étangs au nord-ouest de Toul, dans la forêt de la Reine. Les plus importants sont : l'*étang neuf de Mandres*, l'*étang Rome*, l'*étang neuf Moulin*, l'*étang Verry*, l'*étang d'Hamonville*. Quelques-uns parmi les plus petits, portent des noms historiques tels que les étangs de *Brunehaut*, de *Ferry*, de *Thierry*, etc.

IV. — Climat.

En Meurthe-et-Moselle, l'année n'a pour ainsi dire que deux saisons, l'hiver et l'été. Le climat est rude, sujet à de fréquentes et brusques variations, mais peu pluvieux. Il est moins rigoureux toutefois que celui des Vosges, surtout à l'ouest, où la maturité du raisin est en avance de huit à dix jours sur le reste du département. Les gelées du printemps exercent parfois de grands ravages. — Le climat du département est le *climat vosgien*, l'un des sept entre lesquels on divise généralement la France. Il doit son nom à la chaîne des Vosges, qui exerce la plus grande influence sur la température du pays. Les vents du sud, passant sur les montagnes, dont les neiges les refroidissent, arrivent dans les plaines et les vallées chargés d'humidité. De plus, les principales rivières de la Lorraine, la Sarre, la Meuse, la Moselle, la Meurthe, ayant leurs vallées orientées vers le nord ou le nord-ouest, les vents assez fréquents qui, pendant la saison d'hiver, soufflent des régions glacées, abaissent singulièrement la température. La chaîne de l'Argonne empêche la contrée de profiter des effluves bienfaisantes de l'Océan. Enfin, l'altitude élevée du plateau de la Lorraine contribue pour une large part à refroidir l'atmosphère. La température moyenne de l'hiver est d'environ + 4° Réaumur, et celle de l'été de + 18°,9. D'après M. Monnier, la température varie de + 30° R à — 20° R, et la température moyenne annuelle est d'environ + 9° R, c'est-à-dire inférieure de 1° 1 à celle de Paris.

La chaleur la plus forte se fait sentir du 15 juillet au 15 août; le mois de septembre est le plus agréable; les mois de janvier et de février sont les plus rigoureux.

A Nancy, la sève circule déjà sensiblement dès le mois de mars. C'est dans les premiers jours d'avril que les fleurs des arbres fruitiers commencent à répandre leurs parfums. La fenaison s'effectue du 1er au 15 juin; la moisson, du 1er au 15 août; et la vendange, du 15 septembre aux premiers jours d'octobre. Dans les arrondissements de Nancy et de Lunéville, excepté la partie sud-est de ce dernier, la nature est généralement plus précoce de huit à quinze jours que dans les anciens arrondissements de Château-Salins et de Sarrebourg; celui de Toul tient le milieu entre les autres.

Des observations faites par M. Simonin père, il résulte que les vents de l'ouest et du sud-ouest soufflent, en moyenne, 66 fois par an; celui du nord-est, 65; celui du sud, 52; celui du nord, 24; celui d'est et nord-est, 22. Le vent du sud ne souffle chaque fois que pendant quelques heures, mais il est presque toujours suivi d'orages, pendant l'été, et détermine les dégels à la fin de l'hiver. Le vent du sud-ouest amène ordinairement la pluie. Le vent du nord-ouest, ou vent des Ardennes, est accompagné de neiges et de frimas pendant l'hiver. Les ouragans, qui sont quelquefois très-violents, sont provoqués par les vents de nord-est, de sud et de sud-ouest.

La neige n'apparaît guère avant le mois de novembre; elle tombe à plusieurs reprises pendant l'hiver, et il n'est pas rare d'en voir la terre couverte dans les premiers jours d'avril.

Les pluies abondantes et continues tombent ordinairement à la fin de l'automne et de l'hiver, et amènent alors des inondations désastreuses. La pluie est plus abondante dans la région vosgienne que dans les autres parties du département.

V. — Curiosités naturelles.

Les curiosités naturelles remarquables sont des cavernes situées aux environs de Toul : les *Trous des Celtes*, les *Trous de Sainte-Reine* à Chaudenay ; le *Trou des Fées*, en face de Pierre-la-Treiche, commune de Liverdun ; le *Trou du Géant*, commune de Villey-le-Sec ; le *Trou des Fées*, à Bayonville ; le *Trou du Botenoy*, à Arnaville ; le *Trou du Grosbois*, à Rogeville ; le *Trou de la Grosse-Roche*, à Aingeray, et le *Trou de Sainte-Aman*, commune de Favières. Ces cavernes, partagées par des galeries et des couloirs, ont quelquefois 100 à 300 mètres de profondeur. On y trouve des os de mammifères divers fendus dans le sens de la longueur pour en recueillir la moelle, ce qui indique qu'elles ont été habitées par l'homme. La caverne du Trou des Celtes a servi de grotte sépulcrale ; on y découvre des ossements humains en grand nombre et des fragments de poteries.

Du gouffre d'Athienville sort une source dont l'eau s'échappe en bouillonnant.

On peut citer aussi les *hêtres tortillards* du bois du Four, près de Custines ; un autre hêtre, dans la forêt de Puvenel, près de Jezainville, et un à Pagny-sur-Moselle. Dans ces arbres, très-gros, les branches inférieures s'étalent sur le sol, et les branches supérieures descendent sur elles et finissent pour ainsi dire par les étouffer.

Près de la côte d'Essey, canton de Gerbéviller, est un ancien volcan basaltique.

Entre Joppécourt et Mercy-le-Bas (canton d'Audun-le-Roman), se trouve un trou en forme d'entonnoir profond de 5 à 6 mètres, dans lequel passe un ruisseau souterrain qui va se perdre dans la Crusnes : ce trou s'appelle le *Grand Bichet*.

VI. — Histoire.

Les peuples qui habitèrent primitivement le territoire actuel du département de Meurthe-et-Moselle furent les *Leuci* ou *Leukes*, de la confédération des Belges, qui s'étendaient le long du cours de la Meuse, de la Moselle et de la Seille. Leur capitale était Toul, appelée *Tullum*, qui avait une importance assez grande à l'époque de l'invasion de César. Ses habitants, habiles à lancer les dards, prirent parti pour le conquérant. Cette région fit ensuite partie de la cité de Toul, qui était divisée en *pagi* ou cantons : 1° celui du *Chaumontois*, vaste territoire compris entre les sources de la Moselle, de la Meurthe et de la Sarre, jusqu'au confluent des deux premières rivières au-dessus de Custines ; 2° le *Saintois*, contrée qui comprenait le pays de Vaudémont et était situé entre le Chaumontois et le Toulois. Elle ne comptait alors aucune ville importante, mais seulement quelques stations militaires et des établissements agricoles sur le bord des rivières, comme Pompey, Champigneulles, etc.

Les Romains la colonisèrent promptement. Toul, Scarponne virent s'élever dans leurs murs de beaux monuments ; des routes sillonnèrent les campagnes : les voies les plus importantes étaient celle venant de Reims par Toul, Scarponne et Metz, et trois autres qui passaient aussi à Scarponne. Mais le sommet des montagnes resta couvert de forêts.

Sous Constantin, le pays des *Leuci*, avec ceux des *Mediomatrici* et des *Treviri*, forma la province de la première Belgique. On éleva alors un grand nombre de camps fortifiés sur la crête des montagnes et sur le bord de la Moselle, de Bayon à Metz, pour arrêter les invasions des Germains. C'est dans une de ces invasions, en 366, que Jovinus, général romain, les défit non loin de Pont-à-Mousson.

Il existait alors des établissements romains à Dieulouard, à Sion, hameau de Saxon, qui était une ville, à Tantonville, à Lunéville, à Dommartin-lès-Toul, à Villers et à Gondreville. A Blénod, était un fort en ligne avec ceux de Saint-Mihiel et de Bagneux ; à Chavigny, dans la forêt, à la source du ruisseau de Bonne-Fontaine, s'élevait un petit temple dédié à Hercule Bibax, auquel les Leukes paraissent avoir voué un culte.

Le christianisme fut prêché chez les Leukes au troisième

siècle par saint Mansuy, qui fut le premier évêque de Toul. Saint Euchaire fut martyrisé près de Pompey, par ordre de Julien.

Toul était au quatrième siècle une place importante, commerçante et bien fortifiée. Mais, au commencement du cinquième siècle, cette ville fut saccagée par les Barbares comme Metz, Trèves et Scarponne, détruite par Attila. Vers 450, elle tomba au pouvoir des Francs, et, en 496, Clovis y passa. A cette époque, le pays de Meurthe-et-Moselle dépendait du royaume d'Austrasie, dont Metz était la capitale.

Sous les Mérovingiens, la ville de Toul, qui avait été un municipe romain, passa avec le pays sous le gouvernement des comtes, assistés de sept juges ou échevins élus.

Pendant les guerres entre Dagobert II, roi d'Austrasie, et Théodoric III, roi de Neustrie, le pays eut beaucoup à souffrir (vers 680); Toul fut prise et brûlée plusieurs fois.

Les rois francs avaient des palais à Savonnières et à Vendières, où ils venaient tenir des plaids et recevoir leurs leudes.

Par le traité de Verdun (843), la Meuse devint frontière de la France, et les terres de la rive droite furent attribuées à l'empereur Lothaire; son fils, Lothaire II, premier roi de Lorraine (855-869), donna son nom au pays. Il se tint alors au palais royal de Savonnières, à deux kilomètres de Toul, une grande assemblée politique et religieuse.

Les souverains carlovingiens de France et d'Allemagne se disputèrent longtemps la possession de la Lorraine, qui perdit le titre de royaume. Toul fut prise et pillée, en 954, par les Hongrois, et, en 957, par les soldats de Lothaire; Scarponne, un instant relevée, eut le même sort.

Les évêques de Toul, qui avaient acquis une grande puissance depuis le septième siècle, reçurent, en 928, d'Henri l'Oiseleur, empereur d'Allemagne, le comté de Toul en fief. Leur diocèse avait une grande étendue. En 984, l'évêché de Toul, distrait de la Haute-Lorraine, formait une souveraineté indépendante qui ne relevait que de l'empereur.

La Lorraine mosellane, distraite de la Basse-Lorraine par le duc Brunon, archevêque de Cologne, continua à avoir des ducs bénéficiaires jusqu'en 1048 : Briey en faisait partie.

A cette époque, la Haute-Lorraine fut constituée en duché et gouvernée par Gérard d'Alsace et ses descendants jusqu'en 1431. Ces seigneurs furent des amis fidèles de la France et moururent à son service.

En 1072, l'empereur Henri VI créa le comté de Vaudémont en faveur de Gérard Ier. Gérard II augmenta la ville et y construisit une tour près du château. Le fief relevait directement de l'empereur ; sa capitale était Vézelise, et le comté comprenait 57 villes ou villages. Au douzième siècle, les bourgeois de Toul perdirent une bataille assez considérable contre le comte de Vaudémont ; le château de Dieulouard fut pris deux fois par les Messins, qui le rasèrent.

En 1112, Renaud, comte de Bar, ruina de nouveau Scarponne, déjà détruite lors de l'invasion d'Attila. Mathieu, duc de Lorraine, qui se distingua par sa charité envers les pauvres, établit la capitale de son duché à Nancy (1153), qui jusqu'alors n'était qu'un village et qui lui fut cédé par Drogo, fils du sénéchal de Lorraine, en échange de la châtellenie de Rosières et d'autres terres. La résidence des premiers ducs avait été jusque-là à Saint-Dié. Mathieu fonda l'abbaye de Clairlieu (1159). Liverdun fut affranchi en 1178 par l'évêque de Toul, seigneur de ce lieu. C'est à la fin du douzième siècle que commence à être connue en Lorraine la *loi* ou *coutume de Beaumont-en-Argonne :* cette fameuse loi de Beaumont, donnée en 1182 par Guillaume de Champagne, archevêque de Reims, réglait les droits des seigneurs, l'organisation municipale, la justice, la police, etc.

Au treizième siècle, l'affranchissement des communes s'étend dans la Lorraine, et la loi de Beaumont est accordée à un grand nombre de villes et de villages. En 1200, Pont-Saint-Vincent la reçoit d'Hugues, comte de Vaudémont, qui y avait bâti une ville neuve. D'autres villes et villages la reçurent alors de leurs seigneurs, comme Frouard (1255), Haumeville (1264), Saint-Nicolas-du-Port, Nancy, Lunéville,

Gerbéviller, du duc Ferry III (1265) ; Saxon (1269). Essey et Maizerais furent affranchis et mis sous la loi de Stenai par Thibaut, comte de Bar, en 1289.

En 1230, eut lieu, dans les plaines de Frouard et de Champigneulles, une bataille sanglante entre Henri II, comte de Bar, et Mathieu II, duc de Lorraine; celui-ci la perdit.

Le treizième siècle vit encore d'autres guerres locales : en 1250, entre les bourgeois de Toul et leur évêque; entre Thibaud, comte de Bar, et les troupes de l'évêque de Metz, qui brûlèrent Thiaucourt (1258). En 1288, Ferry III, duc de Lorraine, qui, pendant son long règne, avait développé dans ses états l'affranchissement des serfs, fut enlevé par des barons de son duché dans les bois de Heys et emmené dans le château de Maxéville, où il resta longtemps prisonnier.

En 1298, le comte de Vaudémont, faisant la guerre au duc de Lorraine, envahit la Lorraine avec 600 hommes et brûla Maxéville. Après la ruine du château de Velaine, au treizième siècle, une nouvelle ville s'éleva, celle de Vézelise, qui devint plus tard le chef-lieu du comté de Vaudémont.

Au commencement du quatorzième siècle, des guerres locales causent de grands dommages aux villages de la Lorraine. Vers 1306, Laxou est brûlé par le comte de Vaudémont, qui guerroyait contre le duc Thibaud II. En 1308, le même duc bat devant Frouard Renaud de Bar, évêque de Metz, ligué avec les comtes de Bar et de Salm ; ces derniers sont faits prisonniers et l'évêque demande la paix. Les Toulois étaient alors fort belliqueux ; réunis aux Messins, ils mirent en déroute à Dieulouard et à Gondreville cinquante gentilshommes du pays, qui leur avaient déclaré la guerre à cause de leur esprit d'indépendance.

Toul était au quatorzième siècle sous la protection du roi de France ; cependant, l'empereur Charles IV, qui était venu dans cette ville en 1356, accorda, dix ans après, aux habitants une charte confirmative de leurs priviléges, appelée la *Bulle d'Or* à cause du sceau en or qui y était suspendu.

Les ducs de Lorraine du quatorzième siècle combattent

avec dévouement dans les rangs de l'armée française. Ferry IV fut tué à la bataille de Cassel (1328). Raoul, dit le Vaillant, après avoir bataillé contre les Maures en Espagne et le comte de Montfort en Bretagne, fut tué à la journée de Crécy (1346). Jean Ier chassa de ses états les Grandes compagnies.

De nouvelles guerres locales troublèrent encore la Lorraine au milieu du quatorzième siècle. Les Messins l'envahirent (1350), en représailles des courses faites par la duchesse Marie de Blois sur leurs terres. Ils prirent et pillèrent le château de Frouard, et Rosières, qu'ils reprirent encore vingt ans après.

La même année 1350, la duchesse de Lorraine s'empara de Liverdun pour se venger des ravages que les troupes de l'évêque de Toul avaient exercés en Lorraine. Cette ville appartenait aux évêques de Toul, qui avaient le droit de battre monnaie.

Les bourgeois de Toul se montrèrent plusieurs fois très-belliqueux contre le duc Charles II. Ce prince ayant exigé la somme de cent livres qui lui était due comme gardien de Toul, les bourgeois la refusèrent. Le duc assiégea la ville, et les bourgeois capitulèrent après deux mois de siège. En 1421, une nouvelle querelle entre les Toulois et le duc ramena celui-ci encore devant la ville, et les habitants se soumirent.

Les ducs de Lorraine furent, au quinzième siècle, plus intimement mêlés aux affaires de la France, et Charles le Hardi donna sa fille unique en mariage à René d'Anjou, prince français, déjà assuré du duché de Bar et de la terre de Briey par son oncle le cardinal, duc de ce pays. Mais les Bourguignons avaient en Lorraine un allié, le comte de Vaudémont, neveu de Charles le Hardi, qui prétendit qu'en vertu de la loi salique le duché de Lorraine lui appartenait. Vaincu à Bulgnéville (1431) par Antoine de Vaudémont et les Bourguignons, René d'Anjou fut emmené captif à Dijon, où il demeura longtemps prisonnier dans une tour du palais des ducs qui existe encore. Les pays de Meurthe-et-Moselle furent fort maltraités par les troupes des deux partis. Vézelise fut pris et pillé (1425 et 1439). Enfin, la guerre se termina par la médiation du roi de France, qui engagea René à donner sa fille à

Ferry, fils de son adversaire, le comte Antoine de Vaudémont (1441).

René II, fils de Ferry, hérita du duché de Lorraine en 1473. Il fut le chef de la branche de Lorraine-Vaudémont, qui gouverna le duché jusqu'en 1737.

La Lorraine eut alors à subir la terrible invasion de Charles le Téméraire, duc de Bourgogne, qui rêvait la fondation d'un nouveau royaume par la réunion de tous ses états disséminés sur la frontière de la France, depuis le Rhône jusqu'à la mer du Nord. Dans ce but, il voulait s'emparer de la Lorraine et faire de Nancy sa capitale. Après s'être fait céder quelques places fortes et le libre passage dans le duché de Lorraine, il témoigna de nouvelles prétentions, auxquelles René, soutenu en secret par Louis XI, répondit par une déclaration de guerre. Charles le Téméraire envahit bientôt la Lorraine. Il entra à Toul, qui n'opposa pas de résistance, prit Lunéville, Briey et Pont-à-Mousson. Nancy, assiégé, capitula après une longue défense. Lorsqu'il eut terminé sa campagne contre les Suisses, le duc de Bourgogne se tourna de nouveau contre René; mais il fut mis en déroute à la bataille de Nancy, où il fut tué (1476). Le théâtre principal de l'action fut sur le territoire de Jarville, à 5 kilomètres de Nancy. « Le lendemain soir de la bataille, dit Guizot, le comte de Campo-Basso amena au duc René un jeune page romain qui, disait-il, avait vu de loin tomber son maître et saurait bien retrouver la place. A sa suite, on se dirigea vers un étang voisin de la ville; là, à demi enfoncés dans la vase de l'étang, étaient quelques cadavres dépouillés. Une pauvre blanchisseuse s'était, comme les autres, mise à cette recherche; elle aperçut briller la pierre d'un anneau au doigt d'un cadavre dont on ne voyait pas la face; elle avança et retourna le corps : « Ah! mon prince! » s'écria-t-elle; on accourut; en dégageant la tête de la glace où elle était prise, la peau s'enleva; une large blessure se découvrit. En examinant le corps avec son médecin, son chapelain, Olivier de la Marche, son chambellan, et plusieurs valets de chambre reconnurent sans hésiter

Découverte du corps de Charles le Téméraire sur le champ de bataille.

le duc Charles ; des signes certains, entre autres la cicatrice de la blessure qu'il avait reçue à Montlhéry et deux dents qui lui manquaient, mirent leur affirmation hors de doute. » Une croix commémorative s'élève encore sur le lieu où se passa l'événement.

C'est au duc René II que Nancy doit sa première administration municipale ; jusque-là la ville avait peu d'importance ; sous ce prince, elle prit un certain accroissement. Le duc René II ayant doté son fils Claude de grandes possessions en Champagne, en Picardie et dans d'autres provinces, celui-ci se fixa à la cour de France, devint un serviteur actif du roi, et ses descendants se mêlèrent, au seizième siècle, à tous les troubles de ce pays.

En 1522, la peste sévit cruellement à Toul ; plus de 350 personnes périrent en deux mois. Cette ville comptait alors 5000 habitants. Deux fois encore, quelques années après, cette épidémie éprouva la malheureuse ville. Charles-Quint y fit une entrée solennelle en 1544, et les habitants lui prêtèrent serment de fidélité. Mais, l'année suivante, les Toulois, encouragés par le cardinal de Lorraine, passèrent un traité portant reconnaissance perpétuelle du roi de France pour leur protecteur. En 1552, le roi Henri II prit possession de Toul ; cependant l'union officielle de cette ville et de son territoire à la France n'eut lieu qu'en 1648.

Charles III, duc de Lorraine, qui régna de longues années (1545-1608), s'appliqua à maintenir, autant qu'il put, la paix dans ses états, malgré les dangers qu'il courait dans les guerres répétées entre François Ier et Charles-Quint, et les troubles suscités par les guerres de religion. Il embellit Nancy, la fortifia, y fonda la ville neuve et mérita des Lorrains le surnom de Grand.

En 1552, le roi Henri II, allié avec les princes protestants d'Allemagne contre Charles-Quint, arrive devant Metz et s'en empare par surprise : Toul et Verdun tombent aussi en son pouvoir, et le roi déclare qu'il veut réunir à la monarchie ces trois villes, qui couvraient la Champagne. La Lorraine, malgré sa neutralité, est occupée par son armée. Mais bientôt après, la même année, l'empereur d'Allemagne recommence la guerre et marche contre Metz avec 60,000 hommes. Le duc François de Guise la défend avec héroïsme, et Charles-Quint est obligé d'en lever le siège. C'est pendant ce siège que fut livré un combat au faubourg Saint-Nicolas de Nancy entre Charles, duc d'Aumale, et René de Rohan, avec 200 gentilshommes français et lorrains, contre Albert, marquis de Brandebourg, à la tête d'une bande d'aventuriers. René de Rohan y fut tué. Toul fut aussi menacé par les Impériaux, mais sans succès.

La ville de Pont-à-Mousson dut au duc Charles III la création d'une grande institution, l'Université, qui date de 1572. Cette Université devint célèbre et florissante: en 1608, elle était fréquentée par plus de 1600 élèves des familles les plus illustres, sans compter 400 étudiants en droit et en médecine. Les Jésuites y dirigeaient l'enseignement littéraire.

Les troubles de la Ligue se firent sentir en Lorraine. Toul fut assiégée et prise par les Ligueurs, qui la perdirent peu après (1587). Pendant les guerres de ce temps, les princes protestants d'Allemagne envahirent la Lorraine avec 30,000 hommes, prirent Sarrebourg, incendièrent les faubourgs de Blâmont, qu'ils ne purent prendre, et vinrent près de Pont-Saint-Vincent offrir la bataille aux ducs de Lorraine et de Guise, dont l'armée était bien inférieure en nombre à la leur. Ces princes, par leur bonne contenance et leurs manœuvres, purent éviter une déroute assurée. Maizières fut alors brûlé par le duc de Bouillon.

C'est à Nancy que les princes lorrains, assemblés avec d'autres seigneurs ligueurs, dressèrent une remontrance au roi Henri III, pour le déterminer à se déclarer chef de la Ligue (1589).

En 1590, les seigneurs, conduits par le duc Charles III, s'emparent de Toul, après six jours de siège. Cette ville, qui avait beaucoup souffert pendant les guerres civiles, se soumit à Henri IV, qui la restaura et qui, en 1603, y fut reçu avec magnificence.

Le duc Charles III apporta encore de grandes réformes dans l'organisation judiciaire. Il ordonna qu'il y eût des plaids annuels dans la quinzaine après la Saint-Remy, dans chaque ville et village de ses domaines et de ses vassaux. Son ordonnance entre dans les plus grands détails sur les différents services judiciaires, les fonctions des maires et autres gouverneurs des villages, la police, etc. (1598).

Pendant le dix-septième siècle, les pays du département de Meurthe-et-Moselle furent victimes de guerres incessantes, provoquées par l'imprudence du duc Charles IV de Lorraine, esprit remuant et aventureux. Ce prince, par ses intrigues avec les seigneurs contre Richelieu, causa l'invasion de son territoire par les armées françaises. Louis XIII envahit la Lorraine en 1631 ; ses armées ravagèrent la contrée et s'emparèrent de Nancy, qui fut démantelée et appauvrie par la famine et la peste. Le roi, qui occupa longtemps la Lorraine, fit démanteler presque tous les châteaux forts du pays, tels que Frouard, Pompey, Vézelise, Deneuvre et autres (1633-1636). D'autres châteaux furent encore détruits par l'invasion des Suédois, alliés de la France, en 1635. Saint-Nicolas-du-Port fut pillé et incendié par eux.

En 1641, Louis XIII créa à Toul un bailliage royal, et cette ville fut réunie définitivement à la France par le traité de Munster (1648). Le même bailliage fut érigé en siége présidial pour le jugement en appel des causes majeures (1685). Le ressort de ce siége était très-étendu ; il fut restreint au seul Toulois par le traité de Riswyck.

Louis XIV, qui, comme Richelieu et Mazarin, convoitait la Lorraine et cherchait une occasion pour la réunir à la couronne, obtint du duc Charles IV, qui n'avait pas d'enfants, que ses états seraient après sa mort réunis à la France. Son neveu le prince Charles s'opposa à ce projet ; le duc refusa d'y donner suite et se jeta dans les bras des ennemis de la France. Mais bientôt Louis XIV s'empara du duché (1670), qui fut pendant les guerres de ce prince à l'abri des invasions allemandes, mais pressuré sans pitié par les soldats français, qui démantelèrent Lunéville. Il ne fut rendu à ses vieux souverains que par le traité de Riswyck, passé entre la France et l'Empire, en 1697. Il faut en excepter des parties importantes de la Lorraine allemande, abandonnées par le duc Charles, pour être après lui irrévocablement et à toujours unies et incorporées à la couronne de France.

A partir de cette époque, la contrée se releva de ses ruines grâce à la bonne administration du duc Léopold (1690-1729), qui fit une paix définitive avec le roi de France. La paix, qui dura pendant tout son long règne, lui facilita l'exécution de ses projets. En 1702, il établit le siége de son gouvernement à Lunéville, qu'il releva de ses ruines. Le palais que l'on y admire encore fut construit sur les dessins du célèbre Boffrand, son architecte. Les faubourgs, l'hôpital, les ponts sur la Vezouse furent restaurés. Le duc créa à Lunéville un bailliage d'un ressort étendu. Il ne négligea pas non plus la ville de Nancy, qu'il embellit et où il autorisa l'établissement de la maison des Orphelines.

D'autre part, les fortifications de Longwy (1682) et de Toul (1700) furent reconstruites par Vauban, sur l'ordre de Louis XIV.

En vertu du traité de Vienne (1736), le duc François II céda la Lorraine à Stanislas, roi détrôné de Pologne, beau-père de Louis XV, et il reçut en échange le duché de Toscane. Il fut stipulé dans cet acte, avec le consentement de l'empereur d'Allemagne, que, après la mort du vieux roi, la Lorraine reviendrait à la France.

L'installation du roi Stanislas (1737) fut le commencement d'une ère de prospérité sans égale pour la Lorraine, et qui valut au roi l'affection de ses nouveaux sujets, d'abord peu favorables à ce nouveau régime, qui s'annonçait en effet comme une transition à leur réunion à la France.

Stanislas combla la Lorraine de nombreux bienfaits. Les sciences et les arts, déjà florissants sous Charles III et encouragés par le duc Léopold, reçurent de lui une plus vive impulsion. Une bibliothèque publique fondée dans l'ancien château de Nancy avec un caractère littéraire, amena la création de la Société royale des sciences et belles-lettres (1751). Stanislas établit le collége royal des médecins de Nancy et celui des chirurgiens. Il donna 220,000 livres pour en employer le revenu à des achats de grains destinés à secourir ses pauvres sujets de Lorraine et de Bar, et à l'hospice Saint-Julien une pareille somme pour la fondation de vingt-quatre places destinées à de pauvres orphelins. Il embellit Lunéville, dont il fit son séjour de prédilection. Il décora aussi Nancy de monuments avec le concours des architectes Boffrand, Héré et Mique.

Le roi Stanislas mourut à Lunéville des suites d'un accident, en 1766, généralement regretté de ses sujets.

Il s'accomplit encore en Lorraine, dans les pays soumis à l'administration française, des faits intéressants que nous devons signaler.

Les *usages locaux* de Toul et du pays toulois furent rédigés en 1762. La ville de Baccarat vit s'établir dans son sein, en 1764, une usine appelée les *verreries de Sainte-Anne*, qui fut le début des grandes manufactures de verreries et de glaces actuelles si renommées dans le monde entier. En 1768, le château de Lunéville fut converti en casernes où l'on put loger 6,000 chevaux. En 1770, l'ingénieur Meschini construisit à Toul le nouveau pont sur la Moselle. La suppression de l'ordre des Jésuites en France amena, en 1768, la translation de l'Université de Pont-à-Mousson à Nancy. Le roi établit à Pont-à-Mousson une école militaire annexée au collége, pour compenser la perte qu'éprouvait cette ville (1776).

A la mort de Stanislas, la Lorraine fut donc définitivement réunie à la France. Elle avait la même étendue qu'à la fin du seizième siècle, et comprenait le bailliage d'Allemagne, aujourd'hui la Lorraine allemande, comme la Lorraine française. Le département de Meurthe-et-Moselle était compris dans le bailliage présidial de Nancy. Nancy était, vers la fin du dix-huitième siècle, le siège d'une intendance de la généralité de Lorraine et la résidence du commandant général des duchés de Lorraine et de Bar.

Nancy.

Il y avait une cour souveraine de justice, des chambres des comptes et des aides; un hôtel des monnaies et une maîtrise générale des eaux et forêts.

En 1775, eut lieu le démembrement du diocèse de Toul, qui était l'un des plus vastes de l'Europe. Louis XV, voulant donner à Nancy un plus grand éclat, obtint du pape qu'il y serait érigé un évêché, en même temps qu'un second évêché à Saint-Dié. Le diocèse de Toul fut considérablement réduit pour former ces nouveaux diocèses.

La Lorraine ne perdit pas sans regrets son autonomie; mais elle fut bientôt appelée à jouer un noble rôle dans les destinées de la patrie française pendant et depuis la révolution de 1789, quoique ces premières années d'une ère nouvelle aient été un peu troublées par de malheureux événements comme la révolte, en 1790, du régiment suisse de Château-vieux et de deux autres régiments à Nancy, contre lesquels le général de Bouillé exerça une répression terrible. C'est dans cette émeute que le jeune Desilles, officier du régiment du roi, mourut percé de balles dans le moment où, se jetant sur les canons, il voulait arrêter l'effusion du sang.

Le département de Meurthe-et-Moselle vit, en 1801, signer à Lunéville la paix de ce nom, entre la France et l'Allemagne. Par ce traité, la rive gauche du Rhin fut cédée à la France. Ses volontaires prirent une part glorieuse aux grandes guerres de l'Empire, et plusieurs généraux distingués, tels que Drouot, Pouget, Gouvion Saint-Cyr, sont originaires du pays.

En 1814, les Alliés envahirent le département. Toul résista bravement et obtint une capitulation honorable. En 1815, cette ville échappa à l'humiliation d'être envahie. Mais Lunéville et Nancy durent recevoir l'ennemi. Napoléon, rentrant en France, au retour de l'île d'Elbe, rappela dans une proclamation célèbre la résistance patriotique des paysans Lorrains contre les envahisseurs.

La Restauration créa à Nancy une école forestière, la seule de ce genre qui existe en France. Charles X, en visitant l'Est, séjourna à Lunéville, où il inspecta le vaste champ de manœuvres. L'école normale du département fut transférée de Toul à Nancy en1831.

Depuis cinquante ans, le département a vu son industrie se développer et son agriculture prospérer. L'ouverture du canal de la Marne au Rhin en 1853 et l'établissement des chemins de fer créèrent de nombreuses voies pour l'écoulement des produits agricoles et manufacturés. C'est dans cet état de prospérité que la funeste guerre de 1870 surprit le pays.

Après les combats de Wœrth et de Forbach, l'armée allemande, commandée par le prince royal de Prusse, fut dirigée sur Nancy par le chemin de fer de Strasbourg. Le 12 août, des détachements de cavalerie occupèrent Nancy sans résistance. Bientôt après, le prince avait son quartier général à Lunéville, le 15 août, et le 16 à Nancy. Le gros de l'armée du prince Frédéric-Charles était alors à Pont-à-Mousson, qui devint un centre de réunion de troupes allemandes cantonnées dans la contrée, à Thiaucourt, à Dieulouard, etc., avant la bataille de Rezonville. Tout le pays était couvert de troupes prussiennes, qui le sillonnèrent en tous sens pendant les trois premières batailles devant Metz, du 14 au 18 août. Mars-la-Tour fut le théâtre d'une de ces grandes luttes où notre armée fut arrêtée par des forces décuples. On y a érigé un monument en l'honneur des dix mille braves qui sont tombés pour la patrie à Mars-la-Tour, Rezonville, Vionville, Gravelotte et Saint-Privat. Toul, ville forte, fut assiégée par le grand-duc de Mecklembourg, qui couvrait les derrières de l'armée d'invasion sur Paris. Il y avait deux mille hommes dans la place et 192 bouches à feu. La ville fut bombardée à plusieurs reprises du haut du mont Saint-Michel et du mont Barine. Après une courageuse résistance et 12 jours de siège, le feu prenant de tous côtés, le commandant capitula (23 septembre). L'Assemblée nationale décréta que Toul avait bien mérité de la patrie pour sa belle défense. Longwy résista aussi vaillamment aux Allemands ; mais, après un long investissement et un bombardement de plusieurs jours, qui mit le feu à la moitié de la ville, il capitula pour éviter une destruction complète.

Le département fut lourdement chargé de réquisitions de toute nature, et foulé par des passages innombrables de troupes ennemies. C'est à la suite de cette cruelle guerre qu'il perdit les deux arrondissements de Château-Salins et de Sarrebourg. Les écrivains allemands qui ont poussé à l'annexion ont prétendu que les pays réclamés par eux avaient été enlevés autrefois à l'Allemagne injustement, tandis qu'ils avaient été réunis à la France en vertu de traités publics, réguliers. D'ailleurs, l'adhésion spontanée des Lorrains aux grandes institutions françaises de 1789, et leur patriotisme pendant toutes les guerres de la République et de l'Empire prouvent bien que l'union avait été ratifiée par le peuple lui-même et n'était pas le résultat de la contrainte.

A la suite de la perte de la plus grande partie du département de la Moselle, l'arrondissement de Bricy fut réuni au département mutilé de la Meurthe.

VII. — Personnages célèbres.

Quatrième siècle. — Saint Eucaire, né à Toul, martyrisé en 362, aux Tombes, près de Pompey.

Cinquième siècle. — Saint Vincent de Lérins, né à Toul, évêque de Saintes, puis moine de l'abbaye de Lérins, mort vers 448. — Saint Loup, évêque de Troyes, né à Toul, mort en 478 ; il fit avec saint Germain le voyage d'Angleterre pour combattre les Pélagiens.

Septième siècle. — Saint Arnoul, évêque de Metz, né à Lay-Saint-Christophe. Il est la tige de la dynastie carlovingienne, mort en 641.

Quinzième siècle. — Marguerite d'Anjou, fille de René Ier et reine d'Angleterre, née à Pont-à-Mousson (1429-1482) ; l'héroïne de la guerre des Deux-Roses.

Seizième siècle. — Claude de Lorraine, tige des ducs de Guise, né à Condé, aujourd'hui Custines, mort en 1550. —

Charles de Lorraine, évêque de Toul, cardinal de Vaudémont, né au château de Nomeny en 1559, mort en 1587. — Philippe-Emmanuel de Mercœur, duc de Lorraine, gouverneur et un instant souverain de la Bretagne, illustre surtout par ses victoires sur les Turcs (1558-1602).

Dix-septième siècle. — Charles III, dit le Grand, duc de Lorraine (1545-1608), qui bâtit, les quartiers neufs de Nancy. — Callot (Jacques), né à Nancy en 1593, graveur célèbre, mort en 1635. — Bassompierre (François de), maréchal de France, né à Haroué (1579-1646), auteur de curieux mémoires. — Jean Barclay, né à Pont-à-Mousson, littérateur, célèbre surtout par son roman allégorique d'*Argénis* (1582-1621). — Hanzelet (Jean-Appier), né à Haraucourt, mathématicien, graveur et typographe (1596-1647). — Jean Nocret, peintre, né à Nancy (1612-1672). — Sylvestre (Isaac), né à Nancy, graveur d'un grand talent (1621-1691). — Le Père Maimbourg, prédicateur et historien, né à Nancy (1621-1686). — Bagard (César), sculpteur d'un grand mérite, né à Nancy (1639-1709). — Ferdinand de Saint-Urbain, né à Nancy, premier architecte de la cour de Lorraine, directeur de la Monnaie, célèbre graveur de médailles (1652-1738). — Charles (Claude), né à Nancy (1661-1743), peintre célèbre. — Adam (Jacob-Sigisbert), né à Nancy, sculpteur célèbre (1670-1747). — Bourcier (Jean-Léonard, baron de), né à Vézelise, premier président de la Cour souveraine de Nancy ; grand jurisconsulte employé aux affaires les plus importantes par Louis XIV et le duc Léopold (1649-1724). — Guinet (Fr.), né à Pont-à-Mousson, éminent jurisconsulte, professeur de droit à l'université de cette ville (1604-1681).

Dix-huitième siècle. — Graffigny (Françoise-Issembourg d'Apponcourt), née à Nancy (1697-1758), femme de lettres célèbre. — Héré (Emm.), architecte du roi Stanislas, né à Nancy (1705-1763). — Girardet (Jean), né à Lunéville (1709-1778), peintre distingué. — Jadot (Jean-Nicolas), né à Lunéville (1710-1761), architecte de l'impératrice d'Autriche. — Lorraine (Alexandre de), né à Lunéville (1712-1780), grand maître de l'ordre Teutonique. — Beauvau (Charles-Just, duc de), maréchal de France, né à Lunéville (1712-1793). — De Saint-Lambert, poète, né à Nancy en 1716, mort à Paris en 1803. — Guibal (Nicolas), né à Lunéville, peintre distingué et littérateur (1725-1784). — Mique (Richard), premier architecte du roi Stanislas et de Marie-Antoinette, né à Nancy (1728), décapité en 1794. — Messier (Charles), né à Badonviller (1730-1817), savant astronome. — Stanislas, roi de Pologne, duc de Lorraine (1737-1766). — Charles (René), né à Prény-sur-Moselle, médecin, recteur de l'académie de Besançon, mort en 1752. — Boufflers (le chevalier de), né à Lunéville, poète et orateur; de l'Académie française (1737-1815). — Stofflet, général vendéen, né à Bathelémont-lès-Bauzemont, en 1750, fusillé en 1796. — Richard (Charles-Louis), savant dominicain, auteur du *Dictionnaire des sciences ecclésiastiques* et d'un grand nombre d'autres ouvrages; né à Blainville en 1711, fusillé en 1794. — Palissot (Charles), auteur dramatique, né à Nancy (1780-1814). — Grégoire (l'abbé), né à Vého (1750-1831), évêque constitutionnel de Blois, membre de la Convention.

Dix-neuvième siècle. — Louis (Dominique-Louis, le baron), né à Toul, ministre des finances (1756-1834). — François-Benoît Hoffman (1760-1828), né à Nancy, poète et critique distingué. — Isabey (Jean-Baptiste), peintre d'histoire, né à Nancy (1767-1855). — Gouvion (Laurent, marquis de Saint-Cyr), né à Toul, maréchal de France (1764-1830). — Pouget (le baron Pierre-Jean), né à Haroué en 1767, officier général dans les guerres de l'Empire. — Pixerécourt (René-Charles-Guilbert de), né à Nancy, dramaturge fécond (1773-1844). — Duroc, duc *de Frioul*, grand-maréchal du palais impérial, né à Nancy en 1772, tué par un boulet de canon à Wurtschen, en 1813. — Drouot (Antoine), né à Nancy, comte de l'Empire; surnommé par Napoléon *le Sage de la Grande Armée*; lieutenant-général d'artillerie (1774-1847). — Dombasle (Mathieu de), agronome célèbre, né à Nancy (1777-1843). — Régnier (Claude-Ambroise), duc *de Massa*, fils d'un meunier de Blâmont; grand-juge sous le premier Empire (1746-1814). — RIGNY (HENRI-MARIE-DANIEL DE), amiral, qui commanda la flotte française à la bataille de Navarin (1783-1835). — VOÏART (ÉLISE), née à Nancy (1786-1866), romancière féconde. — GRANDVILLE (JEAN-IGNACE-ISIDORE GÉRARD, dit), né à Nancy, caricaturiste célèbre (1803-1847). — DIGOT (SÉBASTIEN-ANTOINE-AUGUSTIN), né à Nancy (1815-1864), archéologue, historien de la Lorraine.

VIII. — Population, langue, culte, instruction, etc.

La *population* de Meurthe-et-Moselle s'élève, d'après le recensement de 1876, à 404,609 habitants (204,247 du sexe masculin, 200,362 du sexe féminin). A ce point du vue, ce département est le trente-cinquième de la France. Le chiffre des habitants divisé par celui des hectares donne environ 77 habitants par cent hectares ou par kilomètre carré; c'est ce qu'on appelle la *population spécifique*. La France entière ayant 69 à 70 habitants par kilomètre carré, il en résulte que Meurthe-et-Moselle renferme à surface égale 7 à 8 habitants de plus que l'ensemble de notre pays. Sous ce rapport, Meurthe-et-Moselle est le dix-septième département.

En 1801, la population des trois arrondissements conservés à la France par le traité de 1871 était de 233,389 habitants; en 1876, elle était de 341,218; elle a donc augmenté de 107,829 habitants. En 1801, la population de l'arrondissement de Briey était de 48,871; en 1876, de 63,391, soit une augmentation de 14,520 habitants.

La *langue* française est à peu près la seule parlée dans le département.

On compte dans le département 398,196 catholiques, 2,445 protestants et 3,482 israélites.

En 1876, le nombre des *naissances* a été de 9,999; celui des *décès*, de 8,531; celui des *mariages*, de 3,237.

La *vie moyenne* est d'environ 38 ans.

Le *lycée* de Nancy a compté en 1879, 840 élèves; les trois

collèges communaux de Lunéville, Pont-à-Mousson et Toul, 610; deux *institutions secondaires laïques*, 180; les *établissements congréganistes* de la Malgrange (3 collèges), 550 élèves; le *petit séminaire* de Pont-à-Mousson, 280; l'*institution Fourrier*, à Lunéville, 450. D'après la statistique de 1879, le département possède 949 *écoles publiques*, 107 écoles libres et 148 *salles d'asile*.

Ces 1,204 établissements sont, pour la plus grande partie, confiées à des laïques. Les congréganistes ont sous leur direction 267 écoles publiques, 59 écoles libres et 132 salles d'asile. La population de ces écoles a été, en 1879, de 48,846 élèves dans les écoles publiques, de 8,765 dans les écoles libres et de 14,271 enfants reçus dans les salles d'asile; au total, 71,882 élèves dans les établissements primaires de tout ordre. Les *cours d'adultes*, au nombre de 469, ont réuni, la même année, 11,167 élèves, dont 1834 femmes. Le certificat d'études primaires a été demandé par 1729 candidats; 1267 en ont été jugés dignes.

Les opérations du recrutement en 1876 ont donné les résultats suivants :

Ne sachant ni lire ni écrire	87
Sachant lire seulement	7
Sachant lire, écrire et compter	6,114
Bacheliers	35
Dont on n'a pu vérifier l'instruction	103

Sur 35 accusés de crimes en 1875, on a compté :

Accusés ne sachant ni lire ni écrire	3
— sachant lire et écrire	31
— ayant reçu une instruction supérieure	1

IX. — Divisions administratives.

Le département de Meurthe-et-Moselle forme le diocèse de Nancy et de Toul (suffragant de Besançon); — la 11ᵉ division militaire d'infanterie et la 5ᵉ division de cavalerie du 6ᵉ corps d'armée (Châlons). — Il ressortit à : la cour d'appel de

Nancy; — à l'académie de Nancy; — à la 6ᵉ légion *bis* de gendarmerie (Nancy) ; — à la 4ᵉ et à la 4ᵉ *bis* conservations forestières (Nancy).— Il dépend pour la géologie et les mines de la circonscription de Troyes (division du nord-est). — Il comprend 4 arrondissements (Briey, Lunéville, Nancy, Toul), 29 cantons, 597 communes.

Chef-lieu du département : NANCY.

Chefs-lieux d'arrondissement : BRIEY, LUNÉVILLE, NANCY, TOUL.

Arrondissement de Briey (6 cant. ; 125 com. ; 113,513 hect.; 63,591 h.).

Canton d'Audun-le-Roman (24 com.; 9,072 h.; 20,115 hect.) — Anderny — Audun-le-Roman — Avillers — Bettainvillers — Beuvillers — Bonvillers — Crusnes — Domprix — Errouville — Joppécourt — Joudreville — Landres — Mairy — Malavillers — Mercy-le-Bas — Mercy-le-Haut — Murville — Preutin — Saint-Supplet — Sancy — Serrouville — Trieux — Tucquegnieux — Xivry-Circourt.

Canton de Briey (17 com. ; 8,449 h. ; 16 574 hect.) — Anoux — Auboué — Avril — Batilly — Briey — Génaville — Hatrize — Homécourt — Jœuf — Jouaville — Lantéfontaine — Lubey — Mance — Moineville — Moutiers — Saint-Ail — Valleroy.

Canton de Chambley (12 com.; 5,142 h.; 11,564 hect.) — Chambley — Dampvitoux — Hagéville — Mars-la-Tour — Onville — Puxieux — Saint-Julien-lès-Gorze — Sponville — Tronville — Vilcey-sur-Mad — Waville — Xonville.

Canton de Conflans (25 com. ; 9,159 h. ; 23,008 hect.) — Abbéville — Affléville — Allamont — Béchamps — Boncourt — Brainville — Bruville — Conflans — Doncourt — Fléville — Friauville — Giraumont — Gondrecourt — Hannonville — Jarny — Jeandelize — Labry — Mouaville — Norroy-le-Sec — Olley — Ozerailles — Puxe — Saint-Marcel — Thumeréville — Ville-sur-Yron.

Canton de Longuyon (21 com. ; 12,662 h. ; 20,880 hect) — Allondrelle — Beuveille-et-Doncourt — Charency-Vezin — Colmey — Cons-la-Grandville — Epiez — Fresnois-la-Montagne — Grand-Failly — Longuyon — Montigny-sur-Chiers — Othe — Petit-Failly — Pierrepont — Saint-Jean — Saint-Pancré — Tellancourt — Ugny — Villers-la-Chèvre — Villers-le-Rond — Villette — Viviers.

Canton de Longwy (26 com. ; 18,927 h. ; 21,372 hect.) — Baslieux — Bazailles — Boismont — Bréhain-la-Ville — Chenières — Cosnes-et-Romain — Cutry — Fillières — Gorcy — Haucourt — Herserange — Hussigny — Laix — Lexy — Longwy — Mexy — Mont-Saint-Martin — Morfontaine — Réhon — Saulnes — Thil — Tiercelet — Ville-au-Montois — Ville-Houdlémont — Villers-la-Montagne — Villerupt.

Arrondissement de Lunéville (9 cant.; 163 com.; 95,941 h.; 144,807 hect.).

Canton d'Arracourt (9 com.; 3,318 h.; 8,624 hect.) — Arracourt — Athienville — Bathelémont-lès-Bauzemont — Bezange-la-Grande — Bures — Coincourt — Juvrecourt — Réchicourt-la-Petite — Xures.

Canton de Baccarat (19 com.; 14,353 h.; 17,345 hect.) — Azerailles — Baccarat — Bertrichamps — Brouville — Deneuvre — Fontenoy-la-Joûte — Gélacourt — Glonville — Hablainville — Lachapelle — Merviller — Migneville — Montigny — Pettonville — Reherrey — Thiaville — Vacqueville — Vaxainville — Veney.

Canton de Badonviller (11 com.; 6,390 h.; 11,810 hect.) — Angomont — Badonviller — Bionville — Bréménil — Fenneviller — Neufmaisons — Neuviller — Pexonne — Pierre-Percée — Saint-Maurice — Sainte-Pôle.

Canton de Bayon (27 com.; 9,751 h.; 18,799 hect.) — Barbonville — Bayon — Blainville — Borville — Brémoncourt — Charmois — Clayeures — Damelevières — Domptail — Einvaux — Froville — Haigneville — Haussonville — Landécourt — Lorey — Loromontzey — Méhoncourt — Romain — Rozelieures — Saint-Boingt — Saint-Germain — Saint-Mard — Saint-Remy — Velle — Vigneulles — Villacourt — Virecourt.

Canton de Blâmont (32 com.; 13,171 h.; 23,658 hect.) — Amenoncourt — Ancerviller — Autrepierre — Barbas — Blâmont — Blémerey — Buriville — Chazelles — Domèvre — Domjevin — Emberménil — Fréménil — Frémonville — Gogney — Gondrexon — Halloville — Harbouey — Herbéviller — Igney — Leintrey — Montreux — Nonhigny — Ogéviller — Réclonville — Reillon — Remoncourt — Repaix — Saint-Martin — Vaucourt — Vého — Verdenal — Xousse.

Canton de Cirey (8 com.; 6,994 h.; 10,015 hect.) — Bertrambois — Cirey — Parux — Petitmont — Raon-les-Leau — Saint-Sauveur — Tanconville — Val-et-Châtillon.

Canton de Gerbéviller (21 com.; 9,414 h.; 20,512 hect.) — Essey-la-Côte — Flin — Fraimbois — Franconville — Gerbéviller — Giriviller — Haudonville — Hériménil — Lamath — Magnières — Mattexey — Mont-Moriviller — Moyen — Rehainviller — Remenoville — Seranville — Vallois — Vathiménil — Vennezey — Xermaménil.

Canton de Lunéville (Nord) (18 com.; 15,572 h.; 13,435 hect.) — Anthelupt — Beauzemont — Bienville-la-Petite — Bonviller — Courbesseaux — Crévic — Deuxville — Drouville — Einville — Flainval — Hoéville — Hudiviller — Lunéville (Nord) — Maixe — Raville — Serres — Sommerviller — Valhey — Vitrimont.

Canton de Lunéville (Sud) (18 com.; 16,978 h.; 20,609 hect.) — Bénaménil — Chanteheux — Chenevières — Crion — Croismare — Hénaménil — Jolivet — Laronxe — Laneuveville-aux-Bois — Lunéville (Sud) — Manonviller — Marainviller — Moncel — Mouacourt — Parroy — Saint-Clément — Sionviller — Thiébauménil.

Arrondissement de Nancy (9 cant.; 190 com.; 182,300 h.; 418,102 hect.).

Canton d'Haroué (30 com. ; 11,511 h. ; 19,906 hect.) — Affracourt — Bainville-aux-Miroirs — Benney — Bouzanville — Bralleville — Ceintrey — Crantenoy — Crévéchamps — Diarville — Gerbécourt-et-Haplemont — Germonville — Gripport — Haroué — Housséville — Jevoncourt — Laneuverille-devant-Bayon — Lebeuville — Lemainville — Leménil-Mitry — Mangonville — Neuviller-sur-Moselle — Ormes-et-Ville — Roville — Saint-Firmin — Saint-Remimont — Tantonville — Vaudeville — Vaudigny — Voinémont — Xirocourt.

Canton de Nancy (Est) (13 com. ; 22,165 h. ; 12,747 hect.) — Agincourt — Amance — Bouxières-aux-Chênes — Bouxières-aux-Dames — Champigneulles — Custines — Dommartin-sous-Amance — Eulmont — Laître-sous-Amance — Lay-Saint-Christophe — Malzéville — Nancy (1re section) — Pixerécourt.

Canton de Nancy (Nord) (10 com. ; 28,173 h. ; 11,403 hect.) — Chaligny — Frouard — Laxou — Marbache — Maron — Maxéville — Nancy (7e et 8e section) — Pompey — Velaine-en-Haye — Villers-lès-Nancy.

Canton de Nancy (Ouest) (12 com. ; 30,317 h. ; 6367 hect.) — Chavigny — Heillecourt — Houdemont — Jarville — Ludres — Méréville — Messein — Nancy (4e, 5e et 6e section) — Neuves-Maisons — Pont-Saint-Vincent — Tomblaine — Vandœuvre.

Canton de Nancy (Sud) (13 com. ; 20,592 h. ; 7,829 hect.) — Champenoux — Dommartemont — Essey-lès-Nancy — Laneuvelotte — Mazerulles — Moncel-sur-Seille — Nancy (2e et 3e section) — Pulnoy — Saint-Max — Saulxures-lès-Nancy — Sornéville — Velaine-sous-Amance.

Canton de Nomeny (30 com. ; 11,854 h. ; 20,062 hect.) — Abaucourt — Armaucourt — Arraye-et-Han — Belleau — Bey — Bratte — Brin — Chenicourt — Clémery — Eply — Faulx — Jeandelaincourt — Lanfroicourt — Létricourt — Leyr — Lixières — Mailly — Malleloy — Manoncourt-sur-Seille — Moivron — Montenoy — Morey — Nomeny — Phlin — Raucourt — Rouve — Serrière — Sivry — Thézey-Saint-Martin — Villers-lès-Moivrons.

Canton de Pont-à-Mousson (27 com. ; 25,026 h. ; 24,408 hect.) — Atton — Autreville — Belleville — Bezaumont — Blénod — Bouxières-sous-Froidmont — Champey — Dieulouard — Jezainville — Landremont — Lesménil — Loisy — Maidières — Millery — Montauville — Morville-sur-Seille — Mousson — Norroy — Pagny-sur-Moselle — Pont-à-Mousson — Port-sur-Seille — Prény — Sainte-Geneviève — Vandières — Ville-au-Val — Villers-sous-Prény — Vittonville.

Canton de Saint-Nicolas (25 com. ; 18,909 h. ; 23,618 hect.) — Art-sur-Meurthe — Azelot — Buissoncourt — Burthecourt-aux-Chênes — Cercueil — Coiviller — Dombasle — Erbéviller — Ferrières — Flavigny — Fléville — Gellenoncourt — Haraucourt — Laneuveville-devant-Nancy — Lenoncourt — Lupcourt — Manoncourt-en-Vermois — Réméréville — Richardménil — Rosières-aux-Salines — Saffais — Saint-Nicolas — Tonnoy — Varangéville — Ville-en-Vermois.

Canton de Vézelise (35 com. ; 11,872 h. ; 21,812 hect.) — Autrey —

Chaouilley — Clérey — Dommarie-Eulmont — Étreval — Forcelles-Saint-Gorgon — Forcelles-sous-Gugney — Fraisnes-en-Saintois — Frolois — Goviller — Gugney — Hammeville — Houdelmont — Houdreville — Lalœuf — Marthemont — Ognéville — Omelmont — Parey-Saint-Césaire — Pierre ville — Praye — Pulligny — Quévilloncourt — Saxon-Sion — Thelod — They — Thorey — Vaudémont — Vézelise — Viterne — Vitrey — Vroncourt — Xeuilley.

Arrondissement de Toul (5 cant.; 119 com.; 62,977 h.; 110,812 hect.).

Canton de Colombey (32 com.; 13,008 h.; 29,948 hect.) — Aboncourt — Allain-aux-Bœufs — Allamps — Bagneux — Barisey-au-Plain — Barisey-la-Côte — Battigny — Beuvezin — Colombey — Courcelles — Crépey — Dolcourt — Favières — Fécocourt — Gélaucourt — Gémonville — Germiny — Gibeaumeix — Grimonviller — Housselmont — Mont-l'Étroit — Pulney — Saulxerotte — Saulxures-lès-Vannes — Selaincourt — Thuilley-aux-Groseilles — Tramont-Emy — Tramont-Lassus — Tramont-Saint-André — Uruffe — Vandeléville — Vannes.

Canton de Domèvre-en-Haye (27 com.; 10,222 h.; 26,576 hect.) — Andilly — Ansauville — Avrainville — Beaumont — Bernécourt — Domèvre-en-Haye — Francheville — Gézoncourt — Griscourt — Grosrouvres — Hamonville — Jaillon — Liverdun — Mamey — Mandres-aux-Quatre-Tours — Manoncourt — Manonville — Martincourt — Minorville — Noviant-aux-Prés — Rogéville — Rosières-en-Haye — Royaumeix — Saizerais — Tremblecourt — Villers-en-Haye — Villey-Saint-Étienne.

Canton de Thiaucourt (23 com.; 8,717 h.; 19,542 hect.) — Arnaville — Bayonville — Bouillonville — Charey — Dommartin-la-Chapelle — Essey-et-Maizerais — Euvezin — Fey-en-Haye — Flirey — Jaulny — Limey — Lironville — Pannes — Regniéville — Rembercourt — Remenauville — Saint-Baussant — Seicheprey — Thiaucourt — Vandelainville — Viéville-en-Haye — Vilcey-sur-Trey — Xammes.

Canton de Toul (Nord) (19 com.; 15,294 h.; 22,288 hect.) — Aingeray — Boucq — Bouvron — Bruley — Dommartin-lès-Toul — Écrouves — Fontenoy — Foug — Gondreville — Lagney — Laneuveville-derrière-Foug — Lay-Saint-Remy — Lucey — Ménil-la-Tour — Pagney-derrière-Barine — Sanzey — Sexey-les-Bois — Toul (Nord) — Trondes.

Canton de Toul (Sud) (19 com.; 15,736 h.; 18,452 hect.) — Bainville-sur-Madon — Bicqueley — Blénod-lès-Toul — Bulligny — Charmes-la-Côte — Chaudeney — Choloy — Crézilles — Domgermain — Gye — Maizières — Ménillot — Mont-le-Vignoble — Moutrot — Ochey — Pierre — Sexey-aux-Forges — Toul (Sud) — Villey-le-Sec.

X. — Agriculture, productions.

Le département de Meurthe-et-Moselle a, d'après le cadastre, une contenance totale de 523,234 hectares, ainsi répartis :

Terres labourables.	280,000 hectares.
Prés, herbages	48,000
Vignes	14,600
Bois	145,000
Landes, terres incultes, marécages.	10,600

Le reste du territoire se partage entre les emplacements des villes et des villages, les routes, chemins et chemins de fer, les canaux, les rivières, les étangs, les pâturages, etc. La propriété est très morcelée.

On compte dans le département, d'après le recensement de 1878, 54,346 chevaux, 320 ânes et mulets, 7,389 bœufs et taureaux, 66,762 vaches, 103,399 moutons, 85,609 porcs, 15,138 chèvres, 20,937 chiens (en 1879), 17,277 ruches d'abeilles.

La grande fertilité de la plupart des terres dans le département, facilite singulièrement les diverses cultures.

La valeur des *céréales* est de 39 millions de francs; elles sont exportées dans les Vosges et l'Alsace. Le bassin de la Meurthe est couvert de grasses *prairies*; les terres en sont excellentes et bien plus fécondes que dans la vallée de la Moselle. Le vallon du Madon a aussi des terres de qualité supérieure. Dans l'arrondissement de Lunéville, le sol est meilleur et plus productif que dans celui de Nancy. L'arrondissement de Toul est le plus riche en vins.

La *pomme de terre* est cultivée dans le département depuis l'année 1660, mais surtout depuis le règne du duc Léopold et du roi Stanislas qui encouragèrent l'extension de ce précieux tubercule.

Le domaine agricole ensemencé en 1876 comprenait 211,400 hectares. Les produits en hectolitres ont été les suivants : froment, 1,145,300 ; méteil, 21,324 ; seigle, 58,780 ; orge, 129,850 ; avoine, 1,620,315 ; pommes de terre, 3,250,500.

D'après M. Fraisse, secrétaire de la Société d'agriculture de Meurthe-et-Moselle, le nombre des fermes de 50 à 60 hectares est de 265. Il y en a 353 de 60 à 80 hectares; 86 de 80 à 100; 185 de 100 à 150 hectares; 50 de 150 à 200 hectares et 21 de 200 à 500 hectares.

La culture du *houblon* (700 hectares) a pris une grande extension dans l'arrondissement de Lunéville, d'où elle s'est répandue dans les arrondissements de Nancy et de Toul. Le *tabac*, dont la culture est autorisée jusqu'à 630 hectares, ne prend pas même ce développement; il donne un produit fin, consistant et très combustible, employé surtout pour la fabrication des cigares.—Le *colza* occupe plus de 2,000 hectares ; le *chanvre* et le *lin*, 1,000 hectares.

Le poirier, le pommier, le noyer, le cerisier et le prunier sont les arbres fruitiers les plus répandus.

Le terrain oolithique est très favorable à la production de la *vigne*. L'arrondissement de Toul est donc, sous ce rapport, le mieux partagé. Le vin qui s'y récolte est bon, se conserve bien, et s'exporte dans la Meuse et en Alsace. Les vins les plus renommés de cet arrondissement sont les vins rouges de Bouillonville, d'Arnaville, de Thiaucourt (dans le canton de Thiaucourt, chaque commune a son canton de vignes), les vins de Bruley. Tous les cantons de l'arrondissement de Nancy cultivent aussi la vigne. Le canton de Pont-à-Mousson a de bons crus (Norroy, Pagny); dans celui de Nomeny, on distingue le vin de Moivron. Dans le canton de Nancy (Nord) la vigne forme la principale culture. Elle est répandue aussi dans les cantons de Vézelise et de Saint-Nicolas; mais, dans ce dernier, de qualité médiocre, bonne seulement à Rosières-aux-Salines. Dans les autres arrondissements, le vin est mauvais ou médiocre, si l'on excepte les cantons de Bayon et de Gerbéviller, dont les chefs-lieux, auxquels il faut ajouter Saint-Boingt et Domptail, produisent de bons crus. Les vins blancs de Salival et les vins rouges de Vic sont aussi estimés. Le produit par hectare est en moyenne de 55 hectolitres, valant chacun 25 francs, et donnant un revenu total de plus de 23 millions de francs.

L'*osier* est cultivé à Ogéviller, canton de Blamont, et dans vingt communes, dont ce pays est le centre.

Le département est couvert de nombreuses **forêts**, dont le chiffre d'hectares est de 26 pour cent du total du territoire, soit 134,214 hectares. Il est sous ce rapport le quinzième département de la France. Les forêts principales sont au nombre de 27, parmi lesquelles, au-dessus de 1,000 hectares et dans l'ordre de leur importance, sont celles de : Varroy, Moyeuvre, des Elieux, de Reclos, Puvenelle, la Reine, Saint-Amond, la Forêt-l'Évêque, celles de Bezange, de Champenoux, enfin celle de la Haye, près de Nancy, qui comprend 6,532 hectares. La distribution des forêts selon la nature minéralogique du sol est celle-ci : en sol calcaire, 96,269 hectares ; en sol non calcaire, 57,945. Les essences principales des bois, par ordre d'importance, sont le chêne, le charme, le hêtre et le sapin.

A Nancy se trouve la *station agronomique de l'Est*, la première créée en France. Comprenant un laboratoire d'analyses et des champs d'expériences, elle met les enseignements et les procédés de la science au service journalier des agriculteurs de la région.

XI. — Industrie, produits minéraux.

Le département de Meurthe-et-Moselle a une importance marquée parmi les départements industriels de la France. Les industries principales y avaient acquis, en 1874, six fois l'importance qu'elles avaient il y a vingt ans dans l'ancien département de la Meurthe. Le département achète à la Belgique et à la Prusse les houilles nécessaires à l'alimentation de ses usines. En 1872, il en a consommé 3,500,000 quintaux métriques, dont 2,773,900 provenaient des houillères de Sarrebruck.

Les **mines de fer**, qui sont très abondantes dans le département, appartiennent sans exception à la formation ferrugineuse oolithique occupant la région supérieure des marnes du lias. Elles constituent deux groupes distincts : ceux de Nancy et de Longwy, composés de 58 concessions de minerai de fer, savoir 39 pour le groupe de Nancy, dont 21, en activité, ont fourni, en 1877, 666,752 tonnes, et 19 pour le groupe de Longwy, dont 12, en activité, ont produit, la même année, 358,279 tonnes, soit un total de 1,025,014 tonnes. Les points où l'exploitation du minerai a été le plus considérable sont : dans le groupe de Nancy, Chavigny (89,000 tonnes), Marbache (141,000 tonnes), Frouard, Bouxières-aux-Dames (109,000 tonnes), Boudonville (63,000 tonnes), Laxou, la Fontaine-des-Roches, Ludres ; — dans le groupe de Longwy, Senelle, Mont-Saint-Martin (146,000 tonnes), Mexy, Lexy, Herserange (58,000 tonnes), Longlaville. La dépense moyenne par tonne de minerai extrait en 1877 a été de 3 fr. 80 c. environ.

Meurthe-et-Moselle est le premier des départements pour la production de la **fonte**. Le chiffre total de cette production en France ayant été, en 1877, de 1,522,266 tonnes, celle du département s'est élevée à 212,423 tonnes ou 27, 70 0/0 de la production totale. Le nombre des fourneaux en activité était en 1877 de 16 pour le groupe de Nancy, ayant fabriqué 21,122 tonnes de fonte de moulage de première et de deuxième fusion, 207,648 tonnes de fonte d'affinage au coke ; et de 15 pour le groupe de Longwy, ayant donné 82,579 tonnes de fonte de moulage de deuxième fusion et seulement 156 tonnes de première fusion ; 60,929 tonnes d'affinage au coke, et 2,032 tonnes de fonte au bois. Le total du produit a été de 384,466 tonnes. Le coke employé dans les hauts fourneaux de Meurthe-et-Moselle est tiré, pour le groupe de Longwy, de la Belgique et du bassin de la Ruhr (Westphalie), et pour le groupe de Nancy des mines de Sarrebruck.

La production du **fer** dans les deux groupes métallurgiques ci-dessus se résume, pour 1877, de la manière suivante : groupe de Nancy, 30,185 tonnes; groupe de Longwy, 4,607 tonnes. Les hauts fourneaux du groupe de Longwy qui sont en activité sont ceux de Micheville (commune de Villerupt ; 80 tonnes de fonte par jour), Saulnes, Longwy-Bas, Réhon, Port-Sec (entre Mont-Saint-Martin et Longlaville) et de Gorcy. Les *hauts fourneaux* de Pont-à-Mousson ont produit, en 1877, 49,000 tonnes de fonte, affectées en partie à faire des fontes moulées pour les usines, les chemins de fer et les conduites d'eau et de gaz. Le haut fourneau de Champigneulles produit spécialement de la fonte moulée. Les forges de Pompey ont fourni, en 1877, 18,000 tonnes de fer, dont une partie sert à la fabrication de la tôle et des essieux. Les *forges* de Gorcy réunissent à deux hauts fourneaux onze fours à puddler, un atelier de construction pour le matériel des chemins de fer, etc. Les hauts fourneaux et les laminoirs du département ont employé, en 1877, 6,267 ouvriers.

Outre ces grandes usines métallurgiques, il existe dans le département : trois *fabriques de limes*, occupant 512 ouvriers; deux *fabriques d'instruments aratoires*, avec 90 ouvriers, dont une fondée à Nancy par Mathieu de Dombasle ; trois *fabriques de meubles en fer* (110 ouvriers); deux *fabriques d'instruments de pesage* (70 ouvriers), etc.

Le département de Meurthe-et-Moselle occupe le premier rang pour la production du **sel**, comme pour la fabrication de la fonte. Cette exploitation remonte au septième siècle. La superficie du terrain salifère est au moins de 400 kilomètres carrés, et la moyenne des épaisseurs de sel est de plus de 20 mètres. En 1878, il y avait onze mines en activité, situées dans les arrondissements de Nancy et de Lunéville ; trois exploitent le sel gemme, celles de Saint-Nicolas-Varangéville, Rosières-Varangéville et Saint-Laurent. Le sel gemme est employé principalement dans les fabriques de soude au procédé Leblanc. Parmi les huit autres salines fabriquant du sel raffiné, les plus importantes sont celles de Sommerviller, Dombasle, la Sablonnière et Portieux. Elles sont espacées dans le voisinage du canal de la Marne au Rhin, entre Einville et Nancy. La quantité de produits en sel gemme a été en 1877 de 74,405 tonnes et de 115,059 tonnes en sel raffiné; la valeur de ces produits est de plus de 14 millions de francs.

On exploite les *carrières* d'Aingeray, les pierres de taille de Merviller et de Vacqueville. Les carrières de plâtre, au nombre de neuf, possèdent des fours cubant 200 mètres cubes. Quarante et une fabriques de chaux opèrent sur 1,500 mètres cubes environ.

Parmi les *sources minérales*, on cite celle de Burlioncourt, et celle d'Écrouves, dont les eaux, ferrugineuses, laxatives et rafraîchissantes, étaient autrefois très-renommées.

L'industrie céramique possède six *fabriques* importantes *de faïence*, situées à Lunéville, Saint-Clément, Longwy, Toul et à Péxonne Elles emploient 700 ouvriers, 205 femmes et 128 enfants.

L'industrie du verre se présente sous toutes ses formes dans le département, à l'exception du verre noir à bouteille. La *cristallerie de Baccarat*, célèbre dans le monde entier, fut fondée vers 1766 par M. de Montmorency-Laval, évêque de Metz; mais c'est surtout depuis 1822 qu'elle a pris de grands développements (1,470 ouvriers; 571 femmes, 344 enfants). Elle fabrique tous les genres de cristaux et exerce toutes les industries qui ont pour objet l'ornementation du cristal: taille, gravure, dorure, peinture. On estime que ses produits entrent pour moitié dans le chiffre d'affaires que fait la cristallerie française. — La *manufacture de glaces de Cirey*, une des six de la France, établie en 1801, fabrique des glaces de dimension extraordinaire (900 à 1,000 ouvriers). La *goulotterie*, la *gobeletterie* et les *verres de montres* occupent plusieurs ateliers à Nancy. Les *verres à vitres* viennent de Laneuveville-lès-Nancy. Le chiffre total des ouvriers employés à l'industrie du verre est de 2,448, plus 550 femmes et 561 enfants. La force des machines à vapeur atteint 400 chevaux.

L'unique établissement de *fabrication du sel de soude* qui existe en France est situé à Varangéville-Dombasle (11 moteurs, représentant une force de 1,100 chevaux; production, 20,000 tonnes en 1877).

Une usine située à Laneuveville-lès-Nancy donne chaque année 450,000 kilogrammes de *prussiate de potasse* (90 ouvriers); la *fabrique de bougies* de Nancy, 400,000 kilogrammes de bougies. La *fabrique d'allumettes* de Blénod emploie 135 ouvriers.

Le nombre des appareils à vapeur en fonction dans le département, en 1877, était ainsi réparti: chaudières, 672; machines, 513; force nominale en chevaux, 14,113, pour 315 établissements.

En 1878, il a été planté en tabacs 231 hectares, 64 de moins qu'en 1877. Dans cette dernière année, l'hectare a produit 1,900 kilogrammes. Le rendement moyen par hectare en argent a été de 1,681 francs. La *manufacture de tabacs* de Nancy, où sont employés les produits du département, a expédié 1,660,000 kilogrammes de tabac. Les ouvriers employés sont au nombre de 942, dont 51 hommes, 788 femmes, 103 apprenties et 30 préposés à la fabrication.

Le département contient 37 *tanneries*, employant 390 ouvriers et ayant travaillé en 1877 pour 10,440,000 francs de cuirs. La *ganterie* compte dans l'arrondissement de Lunéville environ 1,200 ouvriers.

La fabrication des *chapeaux de paille*, palmier et panama, est très importante dans le département. Créée au commencement du siècle avec 40 ouvriers, cette industrie en compte aujourd'hui de 800 à 1,000, dont les deux tiers travaillent en chambre (produit, deux millions de pièces valant environ 3 millions de francs). A Toul existe depuis longtemps une fabrique de chapeaux de feutre et de casquettes qui emploie 150 ouvriers des deux sexes, et produit 70,000 chapeaux et 150,000 casquettes.

L'établissement de Pierrepont et ses annexes (*filature et tissage de la laine, fabrique de draps*, etc.) emploient 888 ouvriers et 494 femmes.

Il y a encore d'autres industries, telles que la *broderie*, qui a bien diminué d'importance depuis l'invention du métier à broder ; des *filatures de coton* à Nancy, Briey, Saint-Nicolas, etc., avec 1,250 ouvriers et faisant 5 millions de francs d'affaires ; une *fabrique de papier* à Mainbotel-et-Gentyval, commune de Mercy-le-Bas (134 ouvriers ; produit, 459,000 kilog. en 1877) ; une *fabrique de carton comprimé*, transportée de Sarreguemines à Pont-à-Mousson, après la guerre (282 ouvriers) ; deux *fabriques de dragées* à Nancy (70 ouvriers, 750,000 francs d'affaires).

L'*imprimerie Berger-Levrault*, autrefois à Strasbourg, s'est installée à Nancy en 1871 ; ses superbes ateliers occupent une surface de plus de 5,000 mètres. Outre son importance comme l'une des plus grandes imprimeries de la France, son installation en fait un véritable établissement modèle dans son genre. Elle renferme une librairie d'éditeurs, une imprimerie typographique et lithographique, une fonderie en caractères avec clicherie et gravure, une reliure comptant près de 100 ouvriers, une réglure et divers autres ateliers. Elle occupe environ 400 employés et ouvriers.

Les produits agricoles sont transformés en matières industrielles dans un certain nombre d'établissements. Le département compte 305 moulins à farine et 664 paires de meules. 13 *féculeries* ont produit en 1877, 2 millions de kilogrammes de fécule évaluée sèche. A Tomblaine notamment, une usine de féculerie et d'amidonnerie produit 500,000 kilogrammes. Une fabrique à Lunéville donne 400,000 kilogrammes de sucre de fécule de glucose. Il y a, de plus, dans le département 53 *brasseries*, 41 *distilleries* et 2 *vinaigreries*.

A Ogéviller et dans vingt villages prospèrent la culture de l'osier et la fabrication de la vannerie (produit, 550,000 francs).

XII. — Commerce, chemins de fer, routes.

Depuis la guerre de 1870, la ville de Nancy est devenue le grand centre commercial de la région. Par sa position frontière, par rapport aux douanes elle remplace les villes de Metz et de Strasbourg, aujourd'hui enlevées à la France. Elle compte dans son sein 150 représentants de commerce.

Les objets du commerce d'*exportation* du département sont les céréales, orge malté, les minerais de fer; fontes et fers à divers états; glaces, cristaux, cuirs, chaussures, pianos, broderies, chapeaux de paille, houblon. Les pays où ces articles trouvent leurs principaux débouchés sont : l'Alsace-Lorraine, l'Angleterre et les autres contrées de l'Europe, puis l'Australie, le Japon et les deux Amériques. Le département exporte aussi des faïences, des sels, des produits chimiques, des bois de construction et de chauffage, des prunes et particulièrement les mirabelles des arrondissements de Lunéville et de Toul.

Les moyens de transport sont les voies de fer et d'eau, celles-ci pour les marchandises d'un fort tonnage et de peu de valeur.

Les marchandises d'*importation* sont la houille, le coke, la pierre de taille, le coton et la laine, les grains, les vins, les épiceries, les bestiaux, les tissus, les denrées coloniales.

Les produits de l'industrie du pays dans ses diverses branches usuelles font l'objet d'un commerce de consommation proportionné aux besoins de la population.

Les importations du commerce spécial ont lieu par les bureaux de douanes d'Avricourt, de Pagny-sur-Moselle, de Batilly, de Longuyon et autres moins importants.

Le trafic total des chemins de fer dans le département en 1878 a été de

```
Voyageurs . . . . . . . . . . . . . . 3,004,593
Tonnes de marchandises en grande vitesse.    20,898
       —           —    en petite vitesse. 2,585,162
```

Ce dernier chiffre, si élevé, s'explique par l'exploitation considérable des mines de fer, par le transit d'Avricourt avec l'Allemagne et par l'exploitation des salines. C'est en tout cas la gare de Nancy qui est la plus importante.

CANAUX. — Les canaux qui servent à la navigation sont les suivants : canal de la Marne au Rhin, traversant le département de Meurthe-et-Moselle, de Lay-Saint-Rémy à Xures (longueur, 88 kilomètres); — la Moselle canalisée, de Frouard à Arnaville (longueur, 34 kilomètres; la portion du canal de l'Est ouverte de Toul à Pont-Saint-Vincent (longueur, 24 kilomètres).

Le canal de la Marne au Rhin, qui traverse le département de l'est à l'ouest, part du canal latéral à la Marne, en amont de Vitry-le-François, et débouche dans la rivière d'Ill, au-dessous de Strasbourg, en face du canal de l'Ill au Rhin. Il entre en Meurthe-et-Moselle près de Lay-Saint-Rémy, suit la vallée de l'Ingressin, puis celle de la Moselle, passe à Toul et franchit la Moselle à Liverdun sur un pont-canal, au delà d'un souterrain (500 mètres de longueur) percé à plus de 50 mètres au-dessous du village. Il remonte ensuite la vallée de la Meurthe par Nancy et Saint-Nicolas-du-Port, ville avant laquelle il franchit la rivière. Puis il remonte la vallée du Sanon jusqu'à son entrée en Alsace-Lorraine au delà de Xures.

Le canal a depuis son origine jusqu'à sa sortie du département de Meurthe-et-Moselle un développement de 207 kilomètres. Dans ce parcours, la différence de niveau est de 463 mètres, rachetée par 177 écluses. Son étendue totale est de 311,411 mètres jusqu'à son embranchement dans l'Ill. Mais une partie, longue de 104 kil. 311 mèt., appartient à l'Allemagne depuis le traité de 1871.

Le canal de la Marne au Rhin réunit le Nord de la France avec l'Allemagne, et met en rapport les vallées de la Marne, de l'Ornain, de la Meuse, de la Moselle, de la Meurthe, de la Sarre et du Rhin. Il dessert un grand nombre d'industries qui se sont développées sur ses rives.

Le tonnage moyen des marchandises transportées par le canal a été en 1877, sur la partie restée à la France, de 599,548 tonnes, aller et retour. Il a coûté en travaux jusqu'en 1870, 75,900,000 francs.

RIVIÈRES FLOTTABLES. — Le transport des bois, notamment celui des bois de construction, a lieu par la voie de plusieurs rivières dans le département, savoir :

La Moselle, depuis le pont de Toul jusqu'au deuxième pont du chemin de fer, à Liverdun; longueur...	20,800 mètres.
La Meurthe, depuis son entrée dans le département de Meurthe-et-Moselle jusqu'au pont de Malzéville; longueur..............................	95,390 —
La Vezouse et ses affluents, le ruisseau du Val; longueur.	80,211 —
L'Ornain et ses affluents, ainsi que les parties flottables de la Saulx et de la Chée, les canaux de Planche-Coulon et de Revigny; longueur.........	143,550 —
Total....	339,951 mètres.

Le chemin de fer et le pont-canal près de Liverdun.

Rivière de la Moselle canalisée entre Frouard et la nouvelle frontière à Arnaville, dont les travaux ont été exécutés en vertu de la loi du 31 juillet 1867, et ont coûté 4,545,000 francs. En 1877, ce canal a transporté 101,056 tonnes de marchandises.

Canal latéral à la Moselle, entre Toul et Pont–Saint-Vincent, et le département des Vosges. Les travaux de la section de ce canal entre Toul et Pont-Saint-Vincent, autorisés par la loi du 1er août 1872, ont été terminés en 1877 ; l'étendue de cette section est de 24 kilomètres. La navigation a lieu depuis le canal de la Marne au Rhin jusqu'au chemin de fer de Nancy à Vézelise. Le tirant d'eau est de plus de 2 mètres. Le transport des marchandises se chiffrait par près de 64,000 tonnes en 1877. Les travaux pour la continuation du canal entre Pont-Saint-Vincent et le département des Vosges et sur Jarville (Nancy) sont en cours d'exécution.

Les chemins de fer établis dans le département sont au nombre de 14, d'un développement total de 453 kilomètres.

1° Le chemin de fer *de Paris à Strasbourg* traverse le département de l'ouest à l'est sur une longueur de 100 kilomètres. Il y entre à 3 kilomètres en deçà de Foug. Outre cette station, il dessert celles de Toul, Fontenoy-sur-Moselle, Liverdun, Frouard, Champigneulles, Nancy, Jarville, Varangeville, Dombasle-sur-Meurthe, Rosières-aux-Salines, Blainville-la-Grande, Lunéville, Marainvillers, Embermesnil et Igney-Avricourt. Au-delà, il entre en Alsace-Lorraine.

2° Le chemin de fer *de Nancy à Épinal* se détache à Blainville-la-Grande de la ligne de Paris à Strasbourg, dessert Einvaux, Bayon, puis entre dans le département des Vosges. Parcours, 21 kilomètres.

3° Le chemin de fer *de Nancy à Metz*, qui s'embranche à Frouard sur la ligne de Paris à Strasbourg, passe à Pompey, Marbache, Dieulouard, Pont-à-Mousson, Vandières et Pagny-sur-Moselle. Il entre ensuite en Alsace-Lorraine, après un parcours de 33 kilomètres.

4° Le chemin de fer *de Pagny à Longuyon* dessert Arnaville, Onville, Chambley, Mars-la-Tour, Conflans-Jarny, Fiquelmont et Gondrecourt. Plus loin, il entre dans le département de la Meuse, où il a trois stations, pour rentrer en Meurthe-et-Moselle à 2 kilomètres en deçà de la gare de Longuyon. Parcours, 51 kilomètres.

5° Le chemin de fer *d'Onville à Thiaucourt* (11 kilomètres) a une gare intermédiaire, Rembercourt.

6° Le chemin de fer *de Paris à Metz* traverse le département dans sa partie la plus étroite, sur une longueur de 21 kilomètres. Il y a trois stations, Jeandelize, Conflans-Jarny et Batilly.

7° Le chemin de fer *de Mézières à Thionville* entre dans le département à 3 kilomètres en deçà de Vezin. Outre cette station, il dessert celles de Longuyon, Pierrepont, Joppécourt et Audun-le-Roman. Au-delà, il passe en Alsace-Lorraine. Parcours, 39 kilomètres.

8° Le chemin de fer *de Lunéville à Saint-Dié* a pour stations Saint-Clément, Ménil-Flin, Azerailles, Baccarat, Bertrichamps et Thiaville, dernière gare avant d'entrer dans les Vosges. Longueur, 53 kil.

9° Le chemin de fer *d'Avricourt à Cirey* passe aux gares de Foulcrey, Gogney, Blamont, Frémonville et Cirey. Longueur, 18 kil.

10° Le chemin de fer *de Conflans à Briey* (15 kilomètres) a une station intermédiaire, Valleroy-Moineville.

11° Le chemin de fer *de Nancy à Château-Salins*, se bifurquant à Champigneulles sur le chemin de Nancy à Paris, dessert Lay-Saint-Christophe, Eulmont, Laître-sous-Amance, la Bouzule, Brin, Moncel et Chambrey. Plus loin, il pénètre en Alsace-Lorraine. Longueur, 28 kil.

12° Le chemin de fer *de Nancy à Mirecourt*, se détachant à Jarville de la ligne de Strasbourg, passe aux gares d'Houdemont, de Ludres, Messein, Neuves-Maisons, Pont-Saint-Vincent, Blainville-sur-Madon, Xeuilley, Pierreville, Pulligny-Autrey, Ceintrey, Clerey-Omelmont, Tantonville, Vézelise, Forcelles-Saint-Gorgon, Praye, Saint-Firmin, Diarville et Bouzanville. Au-delà, il pénètre dans le département des Vosges, après un parcours de 47 kilomètres.

13° Le chemin de fer *de Longuyon à Arlon* dessert Cons-la-Grandville, Rehon, Longwy et Mont-Saint-Martin, avant d'entrer en Belgique. Parcours, 20 kilomètres.

14° Le chemin de fer *de Longwy à Villerupt* (18 kilomètres) a pour stations Saulnes et Hussigny-Godbrange.

Les voies de communication comptent 6,240 kilomètres savoir :

14 chemins de fer		453 kil.	
10 routes nationales.		361	
19 routes départementales.		450	
2,425 chemins vicinaux	36 de grande communication.	649	4,711
	66 de moyenne communication.	794	
	2323 de petite communication.	3,088	
4 rivières flottables (la Moselle, la Meurthe, la Vezouse et l'Ornain) et 3 canaux		385	

XIII. — Dictionnaire des communes.

Abaucourt, 616 h., c. de Nomeny.
⟶ Ruines d'un château.
Abbéville, 433 h., c. de Conflans.

Aboncourt, 296 h., c. de Colombey.
⟶ Église (chœur du XII° s.).
Affléville, 330 h., c. de Conflans.

Affracourt, 297 h., c. d'Haroué. ⟶ Église du style ogival flamboyant; tour du xiie s.

Agincourt, 247 h., c. de Nancy (Est).

Aingeray, 484 h., c. de Toul (Nord). ⟶ Camp romain.

Allain-aux-Bœufs, 511 h., c. de Colombey. ⟶ Ruines celtiques et romaines.

Allamont, 252 h., c. de Conflans. ⟶ Voie romaine.

Allamps, 622 h., c. de Colombey.

Allondrelle, 885 h., c. de Longuyon.

Amance, 480 h., c. de Nancy (Est). ⟶ Église du xve s. — Vestiges de remparts (xiiie s.).

Amenoncourt, 285 h., c. de Blâmont.

Ancerviller, 660 h., c. de Blâmont.

Anderny, 380 h., c. d'Audun-le-Roman.

Andilly, 338 h., c. de Domêvre.

Angomont, 338 h., c. de Badonviller.

Anoux, 545 h., c. de Briey.

Ansauville, 272 h., c. de Domêvre. ⟶ Beau pont sur l'Ache.

Anthelupt, 424 h., c. de Lunéville (Nord).

Armaucourt, 430 h., c. de Nomeny. ⟶ Château ruiné.

Arnaville, 914 h., c. de Thiaucourt. ⟶ Porte ruinée d'un ancien château. — Dans le cimetière, chapelle du xve s.

Arracourt, 856 h., ch.-l. de c. de l'arrond. de Lunéville.

Arraye-et-Han, 511 h., c. de Nomeny.

Art-sur-Meurthe, 643 h., c. de Saint-Nicolas. ⟶ Couvent de Bosservilles.

Athienville, 357 h., c. d'Arracourt. ⟶ Source bouillonnante.

Atton, 512 h., c. de Pont-à-Mousson.

Auboué, 428 h., c. de Briey.

Audun-le-Roman, 651 h., ch.-l. de c. de l'arrond. de Briey.

Autrepierre, 248 h., c. de Blâmont.

Autreville, 321 h., c. de Pont-à-Mousson.

Autrey, 195 h., c. de Vézelise. ⟶ Église ogivale des xve et xvie s. — Ruines d'un château.

Avillers, 177 h., c. d'Audun-le-Roman. ⟶ Ruines d'un château fort.

Avrainville, 394 h., c. de Domêvre. ⟶ Voie et camp romains.

Avril, 682 h., c. de Briey. ⟶ Dans les bois, restes d'une vaste enceinte de muraille, peut-être un cromlech gaulois. — Restes de l'abbaye de Saint-Pierremont.

Azelot, 176 h., c. de Saint-Nicolas.

Azerailles, 725 h., c. de Baccarat. ⟶ Belle église moderne.

Baccarat, 5764 h., ch.-l. de c. de l'arrond. de Lunéville, sur la Meurthe. ⟶ Tour des Voués (1320), haute de 24 mèt. — Église moderne dans le style du xiiie s.

Badonviller, 1953 h., ch.-l. de c. de l'arrond. de Lunéville, sur la Blette, près de la forêt des Élieux.

Bagneux, 288 h., c. de Colombey. ⟶ Trois tumulus dans les bois. — Église du xiie s.

Bainville-aux-Miroirs, 430 h., c. d'Haroué. ⟶ Pan de mur haut de 25 mèt., reste du donjon (xiiie s.) des comtes de Vaudémont. — Ruines d'un prieuré.

Bainville-sur-Madon, 367 h., c. de Toul (Sud). ⟶ Ruines romaines. — Maison où est né Callot.

Barbas, 382 h., c. de Blâmont.

Barbonville, 404 h., c. de Bayon.

Barisey-au-Plain, 416 h., c. de Colombey. ⟶ Restes d'un château à mâchicoulis. — Église des xiie et xvie s.

Barisey-la-Côte, 233 h., c. de Colombey. ⟶ Église des xiie et xiiie s.

Baslieux, 645 h., c. de Longwy.

Bathelémont-lès-Bauzemont, 206 h., c. d'Arracourt.

Batilly, 370 h., c. de Briey. ⟶ La nef de l'église est romane (fin du xie s.).

Battigny, 338 h., c. de Colombey.

Bayon, 1,004 h., ch.-l. de c. de l'arrond. de Lunéville, sur l'Euron. ⟶ Vestiges de remparts. — Dans l'église, en partie du xiiie s., statues du xve ou du xvie s. représentant l'Ensevelissement du Christ.

Bayonville, 408 h., c. de Thiaucourt. ⟶ Le clocher de l'église est une tour fortifiée du xie s. — Restes d'un château des xve et xvie s.

Bazailles, 306 h., c. de Longwy.

→ Ruines d'un château détruit en 1681.

Beaumont, 151 h., c. de Domêvre.

Beauzemont, 350 h., c. de Lunéville (Nord). → Église des XII° et XV° s.); groupe en pierre remarquable de Notre-Dame-de-Pitié, attribué à Ligier Richier.

Béchamps, 241 h., c. de Conflans.

Belleau, 305 h., c. de Nomeny. → Clocher du XII° s. — Maison du XV° s.

Belleville, 484 h., c. de Pont-à-Mousson. → Église du XV° s. — Restes d'un donjon du XIII° ou du XIV° s.

Bénaménil, 671 h., c. de Lunéville (Sud). → Clocher de 1554.

Benney, 649 h., c. d'Haroué.

Bernécourt, 315 h., c. de Domêvre.

Bertambois, 1,113 h., c. de Cirey.

Bertrichamps, 1,065 h., c. de Baccarat.

Bettainvillers, 251 h., c. d'Audun-le-Roman.

Beuveille-et-Doncourt, 835 h., c. de Longuyon.

Beuvezin, 325 h., c. de Colombey. → Débris romains.

Beuvillers, 266 h., c. d'Audun-le-Roman.

Bey, 264 h., c. de Nomeny.

Bezange-la-Grande, 510 h., c. d'Arracourt. → Église du XV° s.

Bezaumont, 227 h., c. de Pont-à-Mousson.

Bicqueley, 621 h., c. de Toul (Sud).

Bienville-la-Petite, 69 h., c. de Lunéville (Nord).

Bionville, 595 h., c. de Badonviller.

Blainville, 1,037 h., c. de Bayon. → Restes d'un couvent du commencement du XVII° s. et d'une enceinte fortifiée.

Blâmont, 2,337 h., ch.-l. de c. de l'arrond. de Lunéville, sur la Vezouze. → Restes d'un château fort (mon. hist. du XIV° s.).

Blémerey, 196 h., c. de Blâmont.

Blénod, 790 h., c. de Pont-à-Mousson. → On y trouve un grand nombre de ruines romaines. — Église romane et gothique.

Blénod-lès-Toul, 1,262 h., c. de Toul (Sud). → Église du XVI° s. (mon. hist.). — Ruines de deux châteaux féodaux.

Boismont, 432 h., c. de Longwy.

Boncourt, 225 h., c. de Conflans.

Bonviller, 500 h., c. de Lunéville (Nord).

Bonvillers, 244 h., c. d'Audun-le-Roman.

Borville, 280 h., c. de Bayon.

Boucq, 834 h., c. de Toul (Nord).

Bouillonville, 202 h., c. de Thiaucourt.

Bouvron, 341 h., c. de Toul (Nord).

Bouxières-aux-Chênes, 964 h., c. de Nancy (Est). → Clocher du commencement du XVI° s.

Bouxières-aux-Dames, 918 h., c. de Nancy (Est). → Ce village tire son surnom d'un monastère de religieuses qui y fut fondé au X° s. par saint Gauzlin, évêque de Toul, et dont il reste des inscriptions intéressantes.

Bouxières-sous-Froidmont, 593 h., c. de Pont-à-Mousson.

Bouzanville, 195 h., c. d'Haroué. → Ruines romaines.

Brainville, 367 h., c. de Conflans. → Dans l'église, verrières en grisaille de M. Maréchal.

Bralleville, 269 h., c. d'Haroué.

Bratte, 141 h., c. de Nomeny.

Bréhain-la-Ville, 255 h., c. de Longwy.

Bréménil, 546 h., c. de Bdonviller.

Brémoncourt, 254 h., c. de Bayon.

Briey, 2,139 h., ch.-l. d'arrond., sur un coteau escarpé que baigne le Wagot ou Mance. → Église remarquable du style ogival. — Dans la chapelle du cimetière, bas-relief du XV° s. représentant la Danse des morts.

Brin, 497 h., c. de Nomeny.

Brouville, 253 h., c. de Baccarat.

Bruley, 531 h., c. de Toul (Nord)

Bruville, 303 h., c. de Conflans.

Buissoncourt, 340 h., c. de Saint-Nicolas.

Bulligny, 725 h., c. de Toul (Sud). → Débris romains. — Château de Tumejus (XVII° s.).

Bures, 186 h., c. d'Arracourt.

Buriville, 148 h., c. de Blâmont.

Burthecourt-aux-Chênes, 225 h., c. de Saint-Nicolas.

Ceintrey, 708 h., c. d'Haroué. ➤ Débris romains.

Cercueil, 296 h., c. de Saint-Nicolas. ➤ Ruines d'un château et de sa chapelle.

Chaligny, 827 h., c. de Nancy (Nord).

Chambley, 683 h., ch.-l. de c. de l'arrond. de Briey, sur la Gorze.

Champenoux, 657 h., c. de Nancy (Est).

Champey, 259 h., c. de Pont-à-Mousson. ➤ Château du xviie s.

Champigneulles, 2041 h. c. de Nancy (Est). ➤ Beau château qui a appartenu à la comtesse de Sommariva.

Chanteheux, 552 h., c. de Lunéville (Sud).

Chaouilley, 240 h., c. de Vézelise.

Charency-Vezin, 872 h., c. de Longuyon.

Charmes-la-Côte, 474 h., c. de Toul (Sud).

Charmois, 118 h., c. de Bayon.

Charrey, 550 h., c. de Thiaucourt.

Chaudeney, 461 h., c. de Toul (Sud). ➤ Château de Moselly.

Chavigny, 549 h., c. de Nancy (Ouest).

Chazelles, 118 h., c. de Blâmont.

Chenevières, 402 h., c. de Lunéville (Sud).

Chenicourt, 259 h., c. de Nomeny.

Chenières, 533 h., c. de Longwy.

Choloy, 515 h., c. de Toul (Sud). ➤ Débris romains.

Cirey, 2,435 h., ch.-l. de c. de l'arrond. de Lunéville. ➤ Ancien château qu'a habité Voltaire. — A Haute-Seille, ruines d'une église abbatiale du xiie s. et d'un cloître.

Clayeures, 587 h., c. de Bayon.

Clémery, 495 h., c. de Nomeny. ➤ Deux tours d'un ancien château.

Clérey, 147 h., c. de Vézelise.

Coincourt, 446 h., c. d'Arracourt.

Coiviller, 189 h., c. de Saint-Nicolas.

Colmey, 530 h., c. de Longuyon.

Colombey, 918 h., ch.-l. de c. de l'arrond. de Toul. ➤ Débris romains.

Conflans, 613 h., ch.-l. de c. de l'arr. de Briey, au confluent de l'Orne et de l'Iron. ➤ Belle église moderne (1845). — Vieux château transformé en caserne de gendarmerie. — Vieille maison dite *maison de ville*. — Vieux pont en pierre sur l'Orne.

Cons-la-Grandville, 457 h., c. de Longuyon. ➤ Château de la Renaissance (1572), avec quelques restes d'un édifice du xiie ou du xiiie s.; façades du S. et de l'O., modernes (xviiie s.); porte monumentale, salle d'honneur magnifique avec cheminée dans le plus beau style de la Renaissance. — Ancien prieuré occupé par une ferme. — Dans l'église, autrefois prieurale, reconstruite en 1782, caveau des anciens seigneurs. — Dans une rue, croix de 1591.

Cosnes-et-Romain, 1,050 h., c. de Longwy.

Courbesseaux, 255 h., c. de Lunéville (Nord).

Courcelles, 305 h., c. de Colombey. ➤ Clocher roman.

Crantenoy, 185 h., c. d'Haroué. ➤ Ruines d'un château.

Crépey, 817 h., c. de Colombey.

Crévéchamps, 294 h., c. d'Haroué.

Crévic, 834 h., c. de Lunéville (Nord).

Crézilles, 514 h., c. de Toul (Sud). ➤ Passage d'une voie romaine et restes de bains. — Dans l'église, tableaux remarquables.

Crion, 240 h., c. de Lunéville (Sud).

Croismare, 1,101 h., c. de Lunéville (Sud).

Crusnes, 350 h., c. d'Audun-le-Roman.

Custines, 724 h., c. de Nancy (Est). ➤ Vastes ruines du château de Condé, construit en 1260 par Philippe de Florange, évêque de Metz, et où est né Claude de Lorraine, duc de Guise. — Maisons des xive et xve s.

Cutry, 321 h., c. de Longwy. ➤ Église de la fin du xve s., d'un style pur; restes de vitraux du règne de Louis XIII; bel autel en bois. — A 1 kil., croix très-élevée du xviie s.

Damelevières, 535 h., c. de Bayon.

Dampvitoux, 509 h., c. de Chambley.

Deneuvre, 1,021 h., c. de Baccarat.

→ Grottes de la Rochette, creusées de main d'homme.

Deuxville, 485 h., c. de Lunéville (Nord).

Diarville, 622 h., c. d'Haroué.

Dieulouard, 1,630 h., c. de Pont-à-Mousson. → L'ancien château (xive au xviie s.) est une vaste forteresse flanquée de sept tours. — Belle église du xve s. (crypte romane ; stalles sculptées). — Vestiges considérables de la ville antique de *Scarponne*.

Dolcourt, 187 h., c. de Colombey.

Dombasle, 1,905 h., c. de Saint-Nicolas. → Église ancienne et remarquable (tour du xve s.). — Ruines d'un château. — Pont de quatre arches.

Domèvre, 823 h., c. de Blâmont. → Vestiges (xvie s.) d'une abbaye.

Domèvre-en-Haye, 408 h., ch.-l. de c. de l'arrond. de Toul.

Domgermain, 1,306 h., c. de Toul (Sud).

Domjevin, 511 h., c. de Blâmont. → Source appelée Bonne-Fontaine, près de laquelle est bâtie une chapelle, dédiée à la Vierge.

Dommarie-Eulmont, 220 h., c. de Vézelise. → Château ruiné. — Église du xiiie s.

Dommartemont, 209 h., c. de Nancy (Sud).

Dommartin-la-Chapelle, 81 h., c. de Thiaucourt.

Dommartin-lès-Toul, 621 h., c. de Toul (Nord). → Emplacement d'une villa romaine d'une grande étendue. — Deux ponts sur la Moselle.

Dommartin-sous-Amance, 156 h., c. de Nancy (Est). → Beau chœur de l'église (xve s.).

Domprix, 187 h., c. d'Audun-le-Roman.

Domptail, 97 h., c. de Bayon.

Doncourt-lès-Conflans, 440 h., c. de Conflans.

Drouville, 470 h., c. de Lunéville (Nord). → Restes d'un beau château de la fin du xvie s. — Près du cimetière actuel, on a découvert des tombes d'un cimetière franc.

Écrouves, 707 h., c. de Toul (Nord). → Église romane (xiiie s.) remarquable, dont la tour fortifiée servait d'asile aux habitants pendant les guerres du xive s. — Fort protégeant la place de Toul.

Einvaux, 375 h., c. de Bayon.

Einville, 1464 h., c. de Lunéville (Nord). → Pont de trois arches.

Emberménil, 580 h., c. de Blâmont. → Vestiges d'une maison de Templiers.

Epiez, 295 h., c. de Longuyon.

Eply, 671 h., c. de Nomeny.

Erbéviller, 101 h., c. de Saint-Nicolas.

Errouville, 303 h., c. d'Audun-le-Roman.

Essey-et-Maizerais, 747 h., c. de Thiaucourt. → Église du xiiie au xive s., agrandie en 1742. — Vestiges d'enceinte fortifiée.

Essey-la-Côte, 247 h., c. de Gerbéviller.

Essey-lès-Nancy, 900 h., c. de Nancy (Est). → Église ogivale élégante, à 300 mètres du village ; dalles tumulaires gravées d'effigies d'anciens seigneurs ; statue d'une pleureuse en pierre, de belle exécution, par Joseph Sontghel. — Camp romain. — Maisons ogivales. — Château du xve s., converti en ferme.

Étreval, 196 h., c. de Vézelise. → Château de Gournay, bâti en 1512, sur une hauteur à 500 mèt. du village. — Grotte.

Eulmont, 576 h., c. de Nancy (Est).

Euvezin, 353 h., c. de Thiaucourt.

Faulx, 741 h., c. de Nomeny. → Château.

Favières, 1,023 h., c. de Colombey. → Château ruiné des comtes de Vaudémont.

Fécocourt, 451 h., c. de Colombey.

Fenneviller, 225 h., c. de Badonviller.

Ferrières, 210 h., c. de Saint-Nicolas. → Château moderne.

Fey-en-Haye, 180 h., c. de Thiaucourt.

Fillières, 685 h., c. de Longwy.

Flainval, 168 h., c. de Lunéville (Nord).

Flavigny, 1,389 h., c. de Saint-

Nicolas. ⟶ Église ancienne dont la tour est du xii⁰ s. — Pont de sept arches. — Couvent de Bénédictines avec chapelle ancienne et tour du xii⁰ s.

Fléville, 500 h., c. de Conflans. ⟶ Le donjon du château fort, du xii⁰ s., est encore debout.

Fléville, 305 h., c. de Saint-Nicolas. ⟶ Donjon du château fort, tour construite au xii⁰ s. Le château lui-même date de 1533. — Église en partie gothique.

Flin, 665 h., c. de Gerbéviller. ⟶ Prieuré de Mervaville, converti en ferme; il reste de l'église le chœur et une statue de la Vierge, vénérée dans le pays.

Flirey, 414 h., c. de Thiaucourt. ⟶ La tour de l'église, provenant d'un ancien édifice détruit sur l'emplacement duquel on a construit l'église, a servi d'asile aux habitants pendant les guerres.

Fontenoy, 250 h., c. de Toul (Nord). ⟶ Ruines d'un château fort. — Église ogivale; vitraux bien conservés.

Fontenoy-la-Joûte, 675 h., c. de Baccarat. ⟶ Chapelle Saint-Pierre, du xiii⁰ s.

Forcelles-Saint-Gorgon, 224 h., c. de Vézelise. ⟶ Église: tour et chœur du xii⁰ s. — Voie romaine. — Château ruiné.

Forcelles-sous-Gugney, 280 h., c. de Vézelise. ⟶ Gouffre où s'engloutissent les eaux d'un bassin assez étendu.

Foug, 1,268 h., c. de Toul (Nord). ⟶ Souterrain percé à travers la côte de Foug, et destiné à faire passer e canal de la Marne au Rhin, du bassin de la Meuse dans celui de la Moselle. — Ruines d'un château du xiii⁰ s.

Fraimbois, 475 h., c. de Gerbéviller.

Fraisnes-en-Saintois, 292 h., c. de Vézelise.

Francheville, 364 h., c. de Domèvre. ⟶ Autel votif antique orné de sculptures, trouvé dans une plaine du territoire.

Franconville, 109 h., c. de Gerbéviller.

Frémenil, 281 h., c. de Blâmont.

Frémonville, 720 h., c. de Blâmont. ⟶ Château du xiv⁰ s.

Fresnoy-la-Montagne, 566 h., c. de Longuyon. ⟶ Église ogivale; sépulture d'un chevalier du xv⁰ s.

Friauville, 321 h., c. de Conflans.

Frolois, 701 h., c. de Vézelise. ⟶ Église de style ogival du xv⁰ s., à trois nefs, pavée de nombreuses pierres tombales. — Maisons du xvi⁰ s. — Ruines d'un vieux château.

Frouard, 2,771 h., c. de Nancy (Nord). ⟶ Beau pont de sept arches (1781). — Pont en fer de quatre arches sur le chemin de fer. — Église, chœur gothique (1534). — Croix en pierre sculptée (xiv⁰ ou xv⁰ s.), haute de 8 mèt., sur la place. — Ruines d'un château fort du xiii⁰ s. — Débris de l'ermitage Saint-Jean.

Froville, 203 h., c. de Bayon.

Gélacourt, 188 h., c. de Baccarat.

Gélaucourt, 95 h., c. de Colombey.

Gellenoncourt, 85 h., c. de Saint-Nicolas.

Gémonville, 596 h., c. de Colombey. ⟶ Gouffre où se perd le ruisseau de Vicherey, qui ne reparaît qu'à Pierre pour se jeter dans la Moselle, sous le nom de Bourade.

Génaville, 379 h., c. de Briey. ⟶ Église; chœur roman.

Gerbécourt-et-Haplemont, 252 h., c. d'Haroué. ⟶ Église des xii⁰ et xv⁰ s.

Gerbéviller, 1,954 h., ch.-l. de c. de l'arrond. de Lunéville, sur la Mortagne. ⟶ Beau château, dont les jardins ont été dessinés par le célèbre Louis de Nesle, dit Gervais. — Petite chapelle de la Vierge, près d'une fontaine qui jouit, dit-on, de propriétés médicinales. — Maison du xv⁰ s. — Ruines de deux portes de l'ancienne enceinte.

Germiny, 500 h., c. de Colombey. ⟶ Restes du château (mon. hist.). — Église en partie du xiii⁰ s.

Germonville, 216 h., c. d'Haroué.

Gézoncourt, 191 h., c. de Domèvre. ⟶ Château de Lavaux.

Gibeaumeix, 315 h., c. de Colombey. ⟶ Restes d'un château. — Église des xii⁰ et xvii⁰ s.

Giraumont, 114 h., c. de Conflan

Chapelle de l'ermitage de la Vallières (xıı° ou xıı° s.), lieu de pèlerinage, où se tient une foire le lundi de Pâques.

Giriviller, 256 h., c. de Gerbéviller.
Glonville, 671 h., c. de Baccarat.
Gogney, 248 h., c. de Blâmont.
Gondrecourt, 475 h., c. de Conflans.
Gondreville, 1,472 h., c. de Toul (Nord). ⟶ Jadis il y avait un palais des empereurs Carlovingiens. — Fontaine des Trois-Saints, pèlerinage.
Gondrexon, 108 h., c. de Blâmont.
Gorcy, 799 h., c. de Longwy.
Goviller, 646 h., c. de Vézelise.
Grand-Failly, 739 h., c. de Longuyon.
Grimonviller, 214 h., c. de Colombey. ⟶ Église romane.
Gripport, 450 h., c. d'Haroué. ⟶ Débris romains. — Ruines d'une église.
Griscourt, 161 h., c. de Domêvre. ⟶ Ancienne tour à l'église.
Grosrouvres, 154 h., c. de Domêvre.
Gugney, 187 h., c. de Vézelise. ⟶ Dans l'église, chœur du xıı° s.
Gye, 225 h., c. de Toul (Sud).
Hablainville, 451 h., c. de Baccarat.
Hagéville, 525 h., c. de Chambley.
Haigneville, 109 h., c. de Bayon. ⟶ Cimetière gallo-romain considérable, découvert au lieu dit *la Cuisse*, en 1859; nombreux objets en bronze, en fer et en ivoire.
Halloville, 163 h., c. de Blâmont.
Hammeville, 203 h., c. de Vézelise.
Hannonville, 402 h., c. de Conflans. ⟶ Dans l'église, vieux tableau (Saint Grégoire le Grand).
Hamonville, 133 h., c. de Domêvre-en-Haye. ⟶ Château.
Haraucourt, 873 h., c. de Saint-Nicolas. ⟶ Deux tours d'un ancien manoir.
Harbouey, 455 h., c. de Blâmont.
Haroué, 582 h., ch.-l. de c. de l'arr. de Nancy, sur le Madon. ⟶ Château moderne (xvıı° s.), construit par Boffrand, édifice vaste et grandiose, de forme quadrangulaire. A l'intérieur, portraits des princes de Beauvau, tapisseries du xv° s., belles sculptures de Guibal; dans les jardins, statues par Renard, célèbre sculpteur né à Nancy.

Hatrize, 367 h., c. de Briey. ⟶ Murs de l'église (vıı° s.).
Haucourt, 315 h., c. de Longwy.
Haudonville, 122 h., c. de Gerbéviller.
Haussonville, 465 h., c. de Bayon. ⟶ Restes d'un château.
Heillecourt, 316 h., c. de Nancy (Ouest). ⟶ Église du xv° s.
Hénaménil, 551 h., c. de Lunéville (Sud).
Herbéviller, 462 h., c. de Blâmont. ⟶ Beau château moderne. — Ruines du château de Launoy.
Hériménil, 450 h., c. de Gerbéviller.
Herserange, 870 h., c. de Longwy.
Hoéville, 575 h., c. de Lunéville (Nord).
Homécourt, 519 h., c. de Briey.
Houdelmont, 217 h., c. de Vézelise.
Houdemont, 542 h., c. de Nancy (Ouest). ⟶ Église du xv° s.
Houdreville, 667 h., c. de Vézelise. ⟶ Débris romains.
Housselmont, 40 h., c. de Colombey. ⟶ Chapelle du xvı° s., pèlerinage.
Housséville, 322 h., c. d'Haroué.
Hudiviller, 296 h., c. de Lunéville (Nord).
Hussigny, 954 h., c. de Longwy.
Igney, 547 h., c. de Blâmont. ⟶ L'église d'Igney renferme une couronne en bois doré qui ornait, dit-on, le trône du roi Stanislas. — Château.
Jaillon, 254 h., c. de Domêvre. ⟶ Camp romain important, qui était destiné à couvrir les villes de Toul et de Scarponne.
Jarny, 927 h., c. de Conflans. ⟶ Église ogivale à trois nefs, jadis fortifiée; la tour du clocher, carrée et surmontée d'une flèche très-élancée, était le donjon d'une forteresse; beaux fonts baptismaux; traces de peintures murales. — Château de Moncel.
Jarville, 1,426 h., c. de Nancy (Ouest). ⟶ Château de la Grande-

Malgrange, bâti par Stanislas Leczinski, et transformé plus tard en maison de santé et en pensionnat. — Débris d'une ancienne chapelle castrale.

Jaulny, 475 h., c. de Thiaucourt. ➤ Ancien château.

Jeandelaincourt, 590 h., c. de Nomeny.

Jeandelize, 376 h., c. de Conflans. ➤ Église ancienne; vitraux. — Deux châteaux forts transformés en fermes.

— A 2 kilom. au nord, belles sources.

Jevoncourt, 151 h., c. d'Haroué.

Jezainville, 688 h., c. de Pont-à-Mousson.

Jœuf, 675 h., c. de Briey. ➤ Curieux hypogée (mon. hist.).

Jolivet, 445 h., c. de Lunéville (Sud).

Joppécourt, 305 h., c. d'Audun-le-Roman. ➤ Ruines du château des comtes de Mercy, détruit en 1681.

Liverdun.

Jouaville, 412 h., c. de Briey. ➤ Église, clocher et ossuaire du XIIIe s.

Joudreville, 228 h., c. d'Audun-le-Roman.

Juvrecourt, 227 h., c. d'Arracourt. ➤ Église ogivale.

Labry, 435 h., c. de Conflans.

Lachapelle, 247 h., c. de Baccarat.

Lagney, 785 h., c. de Toul (Nord). ➤ Trou-des-Fées, où s'engloutissent les eaux d'un vallon.

Laître-sous-Amance, 358 h., c. de Nancy (Est). ➤ Église à portail d'un beau style, orné de belles sculptures (mon. hist.).

Laix, 289 h., c. de Longwy.

Lalœuf, 475 h., c. de Vézelise. ➤ Église à chœur de style roman, nef du XIVe s.

Lamath, 201 h., c. de Gerbéviller.

Landécourt, 185 h., c. de Bayon.

Landremont, 275 h., c. de Pont-à-

Mousson. ⟶ Vestiges du camp d'Attila établi lors du siège de Scarponne.

Landres, 460 h., c. d'Audun-le-Roman.

Laneuvelotte, 254 h., c. de Nancy (Est). ⟶ Église construite en 1587.

Laneuveville-aux-Bois, 491 h., c. de Lunéville (Sud).

Laneuveville-derrière-Foug, 390 h., c. de Toul (Nord).

Laneuveville-devant-Bayon, 346 h., c. d'Haroué.

Laneuveville-devant-Nancy, 1,310 h., c. de Saint-Nicolas. ⟶ Voie romaine, et emplacement d'*Andesina* des Romains. — Église du XII° au XIII° s.

Lanfroicourt, 295 h., c. de Nomeny.

Lantéfontaine, 276 h., c. de Briey.

Laronxe, 535 h., c. de Lunéville (Sud).

Lunéville.

Laxou, 3,058 h., c. de Nancy (Nord). ⟶ Au hameau de Maréville, établissement important pour le traitement des aliénés. — Dans l'église, fresques intéressantes des XV° et XVI° s.

Lay-Saint-Christophe, 1,175 h., c. de Nancy (Est). ⟶ Église (chœur remarquable du XII° s.).

Lay-Saint-Remy, 336 h., c. de Toul (Nord).

Lebeuville, 284 h., c. d'Haroué.

Leintrey, 600 h., c. de Blâmont.

Lemainville, 394 h., c. d'Haroué.

Leménil-Mitry, 52 h., c. d'Haroué.

Lenoncourt, 511 h., c. de Saint-Nicolas. ⟶ Voie romaine. — Château.

Lesménil, 535 h., c. de Pont-à-Mousson. ⟶ Voie romaine de Metz à Scarponne.

Létricourt, 442 h., c. de Nomeny.

Lexy, 403 h., c. de Longwy.

Leyre, 713 h., c. de Nomeny.

Limey, 282 h., c. de Thiaucourt.

Dans l'église, bon tableau de l'école italienne (Le Christ et saint Thomas).

Lironville, 253 h., c. de Thiaucourt.

Liverdun, 1,920 h., c. de Domèvre. ⟶ Tombeau de saint Eucaire, dans l'église, qui est du XIIIe s. — Débris d'un château rasé en 1457. — Tour en ruines, près de la porte d'En-Haut. — Maison du Gouverneur (XVe s.). — Sur la route de Saizerais, croix de Saint-Eucaire (1289), sculptée. — Le canal de la Marne au Rhin traverse la colline de Liverdun dans un souterrain en plein cintre de 500 mèt. de long. et de 8 mèt. d'ouverture; de profondes tranchées précèdent et suivent ce tunnel. 40 mèt. plus loin, le canal franchit la Moselle sur un pont en pierre long de 175 mèt. et haut de 10 (12 arches en plein cintre). — Deux autres ponts, sur la Moselle, pour le passage du chemin de fer de l'Est, se composent chacun de 5 arches en plein cintre de 24 mèt. d'ouverture. — Dans la vallée de la Moselle, Trou-des-Fées, colline du Saut-

Château de Lunéville.

du-Cerf, vallon dit Vaux-de-Moselle, curiosités naturelles auxquelles se rattachent des légendes.

Lixières, 285 h., c. de Nomeny.

Loisy, 522 h., c. de Pont-à-Mousson.

Longuyon, 2,524 h., ch.-l. de c. de l'arrond. de Briey. ⟶ Non loin de cette ville, ruines du château de Mussy. — Église (mon. hist.). — Pont.

Longwy, 4,225 h., ch.-l. de c. de l'arrond. de Briey, sur la Chiers. ⟶ Camp romain de Titelberg (mon. hist.). — Les fortifications ont été construites en 1682 par Vauban. — Église de 1690; tour carrée très-élevée (vue étendue; on aperçoit Arlon, Luxembourg et les hauteurs de Verdun). — Hôtel de ville de 1750. — Bel hôpital; boulangerie militaire.

Lorey, 241 h., c. de Bayon. ⟶ Dans l'église, vitraux anciens.

Loromontzey, 293 h., c. de Bayon.

Lubey, 188 h., c. de Briey.

Lucey, 987 h., c. de Toul (Nord).

Ludres, 635 h., c. de Nancy (Ouest). ⟶ Camp romain dit d'*Afrique*, sur la hauteur qui domine le village. Il était destiné à défendre le passage de la Moselle. — Château moderne ; belle galerie de tableaux.

Lunéville, 16,041 h., ch.-l. d'arrond., dans une belle prairie entre la Meurthe et la Vezouse. ⸻ *Église Saint-Jacques*, construite (1730-1745) sur les plans de l'architecte Boffrand; portail encadré dans une ordonnance de colonnes ioniques, et surmonté d'un fronton sur lequel repose une horloge

Église Saint-Jacques, à Lunéville.

supportée par une figure colossale ; tours d'une riche architecture, à dr. et à g. de la façade ; sur les piédouches des dômes couronnant les tours, statues de l'archange saint Michel et de saint Jean Népomucène ; à l'intérieur: chaire et boiseries du chœur, en chêne sculpté; tribune des orgues, dont la disposition un peu théâtrale produit un certain effet ; urne qui a renfermé les entrailles de Stanislas ; pierre tombale, en marbre noir, de la marquise du Châtelet ; fresque de Girardet, dans le collatéral de dr. (Sainte Catherine au milieu des philosophes d'Alexandrie) et peintures du même maître et de Van Schuppen dans le chœur (Saint Joseph portant l'enfant Jésus ; Institution du Rosaire). — *Église Saint-Maur*, bâtie dans le style romano-byzantin du XIIe s. (1849-1854) et surmontée d'une flèche. A l'intérieur : vitraux sortis des ateliers de M. Didron ; maître-autel orné de sculptures polychromes ; chaire, statues et buffet d'orgues en chêne sculpté ; Sainte-Famille, par M. Hesse. — *Château* (XVIIIe s.) construit par le duc Léopold, agrandi et remanié par Stanislas, et dont la façade donne sur la promenade du *Bosquet*, reste des anciens jardins. Plusieurs fois incendié, il sert aujourd'hui de caserne et d'habitation aux généraux. Chapelle construite sur le modèle de celle de Versailles. — *Champ de Mars* (plus de 200 hect.). — *Manége couvert* (100 mèt. de longueur sur 27 mèt. de largeur), l'un des plus vastes de la France. — *Caserne de l'Orangerie*. — *Halle au blé* (place Léopold), construction moderne en grès bigarré (façade monumentale ; salle de bal et de concert au 1er étage). — *Maison* du XVIIIe s., à l'angle des rues d'Allemagne et du Château. — *Chapelle funéraire*, érigée par le prince de Hohenlohe. — *Synagogue*. — *Tour Blanche* (enclavée dans les dépendances de l'hôtel Frénel), reste de la première enceinte fortifiée. — *Bibliothèque publique* (10,000 vol.). — *Musée et collections* de curiosités, médailles, etc. — *Cabinet d'histoire naturelle*.

Lupcourt, 252 h., c. de Saint-Nicolas.

Magnières, 663 h., c. de Gerbéviller. ⟶Ruines de deux châteaux forts.

Maidières, 553 h., c. de Pont-à-Mousson.

Mailly, 509 h., c. de Nomeny. ⟶ L'ancien château (XIIIe s.) a conservé trois tours en bon état.—Dans le bois, chêne de la Vierge, but de pèlerinage.

Mairy, 430 h., c. d'Audun-le-Roman. ⟶ Église ancienne.

Maixe, 455 h., c. de Lunéville (Nord).

Maizières, 507 h., c. de Toul (Sud). ⟶ Restes d'un ancien château, occupés par une ferme.

Malavillers, 196 h., c. d'Audun-le-Roman.

Malleloy, 340 h., c. de Nomeny.

Malzéville, 2,472 h., c. de Nancy (Est). ⟶ Pont sur la Meurthe, de 13 arches, construit en 1498, par ordre du duc René II. — Église du XVe s. — Maison gothique. — Tumuli.

Mamey, 306 h., c. de Domèvre.

Mance, 321 h., c. de Briey.

Mandres-aux-Quatre-Tours, 407 h., c. de Domèvre. ⟶ Château moderne. — Ruines d'un château fort.

Mangonville, 250 h., c. d'Haroué.

Manoncourt, 247 h., c. de Domèvre. ⟶ Vestiges gallo-romains.

Manoncourt-en-Vermois, 235 h., c. de Saint-Nicolas.

Manoncourt-sur-Seille, 274 h., c. de Nomeny.

Manonville, 302 h., c. de Domèvre. ⟶ Pont de 4 arches.

Manonviller, 336 h., c. de Lunéville (Sud). ⟶ Fort.

Marainviller, 688 h., c. de Lunéville (Sud). ⟶ Pont et chaussée du chemin de fer, traversant la vallée de la Vezouse ; sous ce pont, écho répétant deux fois les syllabes.

Marbache, 1,172 h., c. de Nancy (Nord).

Maron, 656 h., c. de Nancy (Nord).

Mars-la-Tour, 758 h., c. de Chambley. ⟶ Monument funèbre élevé à la mémoire des soldats morts pour la France à Gravelotte, Saint-Privat, Sainte-Marie-aux-Chênes, Mars-la-Tour, les 16 et 18 août 1870. Sur un piédestal haut de 5 mèt., la statue de la France soutient un soldat mourant, dont deux jeunes enfants reçoivent les armes. — Vestiges d'un château du XVe s., transformés en ferme. — Belle église ogivale (XVIe s.), convertie en grange.

Marthemont, 71 h., c. de Vézelise. ⟶ Ancienne chapelle, but de pèlerinage.

Martincourt, 239 h., c. de Domèvre. →→ Restes du château de Pierrefort (mon. hist.).

Mattexey, 175 h., c. de Gerbéviller.

Maxéville, 1,600 h., c. de Nancy

Porte du palais ducal, à Nancy.

(Nord). →→ Église ogivale. — Châteaux ruinés, dans l'un desquels fut enfermé Ferry III.

Mazerulles, 344 h., c. de Nancy (Est).

Méhoncourt, 524 h., c. de Bayon.

Ménil-la-Tour, 309 h., c. de Toul (Nord).
Ménillot, 291 h., c. de Toul (Sud). ⟶ Chapelle du xiii° s.
Mercy-le-Bas, 709 h., c. d'Audun-le-Roman. ⟶ Église du xi° s.
Mercy-le-Haut, 525 h., c. d'Audun-le-Roman.
Méréville, 274 h., c. de Nancy (Ouest).
Merviller, 711 h., c. de Baccarat.
Messein, 270 h., c. de Nancy (Ouest).
Mexy, 310 h., c. de Longwy.
Mignéville, 347 h., c. de Baccarat.
Millery, 525 h., c. de Pont-à-Mousson.
Minorville, 362 h., c. de Domèvre. ⟶ Église autrefois fortifiée ; à l'abside on voit encore des créneaux (mon. hist.).
Moineville, 395 h., c. de Briey.
Moivron, 457 h., c. de Nomeny.
Moncel, 316 h., c. de Lunéville (Sud).
Moncel-sur-Seille, 759 h., c. de Nancy (Est).
Mont, 361 h., c. de Gerbéviller.
Montauville, 716 h., c. de Pont-à-Mousson.
Montenoy, 204 h., c. de Nomeny.
Montigny, 305 h., c. de Baccarat.
Montigny-sur-Chiers, 523 h., c. de Longuyon. ⟶ Dans le cimetière, beau monument funèbre représentant un seigneur du xvi° s. à genoux.
Mont-l'Étroit, 194 h., c. de Colombey. ⟶ Église romane.
Mont-le-Vignoble, 381 h., c. de Toul (Sud). ⟶ Ermitage Saint-Fiacre.
Montreux, 171 h., c. de Blâmont.
Mont-Saint-Martin, 1,357 h., c. de Longwy. ⟶ Belle église romane (xi° et xii° s.) ; portail d'une grande pureté de style ; belle rose romane ; trois nefs.
Morey, 202 h., c. de Nomeny. ⟶ Retranchements attribués à Attila.
Morfontaine, 472 h., c. de Longwy.
Moriviller, 288 h., c. de Gerbéviller.
Morville-sur-Seille, 352 h., c. de Pont-à-Mousson.

Mouacourt, 245 h., c. de Lunéville (Sud).
Mouaville, 240 h., c. de Conflans.
Mousson, 167 h., c. de Pont-à-Mousson. ⟶ Ruines imposantes d'un château qui, du temps des Romains, était un point militaire important. — Église du xi° s.
Moutiers, 403 h., c. de Briey.
Moutrot, 187 h., c. de Toul (Sud). ⟶ Voie romaine. — Trou de Diane, sorte de gouffre dans le cours de la Bouvade. — Dans l'église, tableau remarquable.
Moyen, 1,117 h., c. de Gerbéviller. ⟶ Château fort (mon. hist.), construit par l'évêque de Metz Conrad Bayer de Bonpart, au xv° s.
Murville, 225 h., c. d'Audun-le-Roman.
Nancy, 66,303 h., sur la Meurthe et le canal de la Marne au Rhin, ch.-l. du département, siège d'un évêché. ⟶ Nancy se divise en ville vieille et ville neuve. On remarque dans la ville vieille : les restes du *palais ducal* (mon. hist. du xv° s.), renfermant le musée historique lorrain (tapisserie qui garnissait la tente de Charles le Téméraire, lors de la bataille de Nancy); belle galerie des Cerfs ; façade et porte d'un grand effet ; — *l'église des Cordeliers* (1482-1487), renfermant : le tombeau de Callot, qui n'est qu'une reproduction réduite ; le mausolée du duc René II (1515), celui de Philippe de Gueldre, sa veuve (statue par Ligier Richier) ; le tombeau de Charles de Lorraine, cardinal de Vaudémont (remarquable statue du cardinal par Nicolas Drouin) ; celui d'Antoine et de sa femme, d'Henri III, comte de Vaudémont, et de sa femme ; la statue du duc Charles V et le monument élevé en 1840 au duc Léopold ; *chapelle Ronac* (à g., dans le chœur), contenant un magnifique autel en marbre blanc, l'antique tombeau (mon. hist.) de Gérard Ier et de sa femme ; — *l'église Saint-Epvre* (1864-1874), construite dans le style ogival des xiii°, xiv° et xv° s. ; au-dessus du portail, tour surmontée d'une flèche (hauteur, 87 mèt.); beaux vitraux ; maître-autel et chaire

en bois sculpté; orgue de Merklin-Schütze; — la *porte* et les *tours Notre-Dame* ou *de la Craffe* (xv° s.), contiguës à la citadelle bâtie par Louis XIII; — la *place Saint-Epvre* (*fontaine* surmontée d'une petite *statue* équestre *du duc René*); — les restes de *l'arsenal*; — la *place Carrière*, qui fait l'admiration des étrangers par la régularité et le bon goût des hôtels qui la décorent; — la vaste *promenade de la Pépinière*; — la *place de l'Académie* (*palais de l'Académie*, achevé en 1862); — le *cours Léopold* ou *Drouot*; — la *Porte-Neuve*, élevée en 1785; — l'ancien Opéra, converti en *caserne de cavalerie*; — *l'ancien hôtel du Gouvernement*, aujourd'hui l'hôtel du général commandant le corps d'armée.

La ville neuve se distingue surtout par la régularité, la largeur de ses rues et de ses places, l'élégance de ses maisons particulières et de ses édifices publics. — La *place Royale* ou *Stanislas* est unique en son genre; sur l'un des

Place Carrière, à Nancy.

côtés, *hôtel de ville*, long de 74 mèt.; deux autres côtés sont occupés par l'évêché, le *théâtre* et des hôtels privés. Au milieu, *statue du roi Stanislas* (1831), qui a fait commencer les travaux de cette place en 1751. A l'entrée de la rue qui unit la place Royale à la place Carrière, *arc de triomphe* bâti en 1757; *fontaines* monumentales de Guibal et grilles de Jean Lamour, artistement ouvrées et dorées. — *Place d'Alliance*, décorée d'une *fontaine* destinée à perpétuer le souvenir du traité conclu le 1ᵉʳ mai 1756 entre Louis XV et Marie-Thérèse. — *Cathédrale*, commencée en 1703; à l'intérieur: trois toiles de Girardet; fresque du dôme, de Claude Jacquart; belle statue de la Vierge, de Bagard; les quatre Docteurs de l'Église, de Nicolas Drouin; reliques de saint Sigisbert; dans le trésor, calice, patène et évangéliaire de saint Gozlin (vii° s.). — Nous signalerons encore: les *portes Stanislas* (1762) et *Sainte-Catherine*; — la caserne, située près de cette dernière porte; — l'*hôtel de l'Université* (bibliothèque publique); — le *jardin botanique*; — l'*église Saint-*

Sébastien (xviiie s.). — *Statues* (en bronze, par David d'Angers) *du général Drouot* (1855), sur le cours Léopold, *de Mathieu de Dombasle* (1849), sur la place Dombasle, et *de Callot*, sur la place de Vaudémont (1878). — *Statue d'A. Thiers.* — Belles *maisons* du xviie et du xviiie s. — *Maison de la Vierge*, où est né Isabey.

Au *musée de peinture et de sculpture* (à l'hôtel de ville), toiles de l'école Italienne (Andrea del Sarto, le Pérugin, le Caravage, Léonard de Vinci, Pietre de Cortone, etc.), de l'école flamande (G. de Crayer, J. Jordaëns, Ph. de Champaigne), et surtout de l'école française (Restout, Lemoyne, Lahyre, Lafosse, Casanova, Detroy, C. Vanloo, Boucher, Girardet, Ziégler, Isabey, Eug. Delacroix). Buste de Grégoire, par David d'Angers. — A la *bibliothèque*, portrait du roi Stanislas, par Girardet; un des plus beaux camées romains qui existent; médailles très précieuses, manuscrits curieux du xiie s., et plus de 100,000 pièces originales provenant soit des anciennes archives des ducs de Lorraine, soit de celles des maisons religieuses supprimées à l'époque de la Révolution. — *Cabinet d'histoire na-*

Place Stanislas, à Nancy.

turelle divisé en deux sections : les collections générales (belle série de roches des Vosges, échantillons du bassin de Paris, 2,000 espèces de coquilles) et les collections départementales (ornithologie, géologie, etc.).

Jardin botanique (3,000 espèces de plantes, belles serres), fondé par Stanislas, en 1758, et la *pépinière* (1766), composée d'une terrasse et d'un vaste jardin orné de gazons et de massifs.

Près du faubourg des Trois-Maisons, sur la côte de Flabémont, était assis un *camp romain*. — A Bondonville, *église ogivale*, moderne, et petit monument, dit la *Croix-Gagnée*, où le peuple de Nancy se rendait autrefois en pèlerinage. — Au faubourg Saint-Pierre, *séminaire* diocésain et belle *église de Bon-Secours*, construite par Stanislas (1738) et renfermant : son mausolée, par Vassé; celui de sa femme, Catherine Opalinska, par Sébastien Adam; un petit tombeau de marbre renfermant le cœur de leur fille; un petit monument où est déposé le cœur du petit-fils de Charles III; le tombeau en marbre blanc du duc Maximilien de

Tenezin-Ossolinski; un monument commémoratif du vœu de la ville de Nancy; de belles peintures à la voûte, un bel autel, une jolie balustrade, une statue de la Vierge, très ancienne et très vénérée, etc. — Près du faubourg Saint-Jean, dans l'étang du même nom, une *croix* de pierre (mon. hist.), portant une longue inscription, indique l'endroit où fut retrouvé le corps de Charles le Téméraire, après la bataille de Nancy. — Dans le faubourg Stanislas, *maison de la Chatte*, où le clergé de Nancy vint recevoir le cœur de la reine Marie

Cathédrale de Nancy.

Leczinska, en 1768. — Beaux *abattoirs*, dans le faubourg Sainte-Catherine, à l'extrémité duquel sont les *Grands Moulins*, dont l'existence remonte au XIIe s.

Neufmaisons, 752 h., c. de Badonviller. ⟶ Enceinte de pierres amoncelées, ayant formé un temple païen.

Neuves-Maisons, 885 h., c. de Nancy (Ouest).

Neuviller, 266 h., c. de Badonviller. ⟶ Église construite en 1666.

Neuviller-sur-Moselle, 508 h., c. d'Haroué. ⟶ Château élevé au XVIIIe s.

Nomeny, 1,151 h., ch.-l. de c. de l'arrond. de Nancy, sur la Seille. ⇒ Église du XIIIᵉ au XVᵉ s., renfermant un saint-sépulcre.

Nonhigny, 240 h., c. de Blâmont.

Norroy, 699 h., c. de Pont-à-Mousson. ⇒ Église construite en 1615 et agrandie en 1756.

Norroy-le-Sec, 579 h., c. de Conflans.

Noviant-aux-Prés, 383 h., c. de Domêvre.

Ochey, 401 h., c. de Toul (Sud). ⇒ Voie romaine. — Église du XVᵉ s.

Ogéviller, 597 h., c. de Blâmont. ⇒ Deux tours ruinées.

Ognéville, 227 h., c. de Vézelise. ⇒ Débris romains.

Olley, 359 h., c. de Conflans. ⇒ Église (mon. hist.) d'un prieuré de la deuxième moitié du XIᵉ s.; trois nefs terminées en abside; riche maître-autel.

Omelmont, 207 h., c. de Vézelise. ⇒ Débris romains.

Onville, 490 h., c. de Chambley. ⇒ Église avec haute tour qui faisait partie d'une enceinte fortifiée.

Ormes-et-Ville, 406 h., c. d'Haroué. ⇒ Belle église du XVᵉ s., stalles sculptées. — Ruines d'un château.

Othe, 100 h., c. de Longuyon.

Ozerailles, 505 h., c. de Conflans.

Pagney-derrière-Barine, 495 h., c. de Toul (Nord).

Pagny-sur-Moselle, 1,540 h., c. de Pont-à-Mousson.

Pannes, 357 h., c. de Thiaucourt. ⇒ Voie romaine.

Parey-Saint-Césaire, 560 h., c. de Vézelise. ⇒ Église en croix latine du XVᵉ s., avec tour romane.

Parroy, 664 h., c. de Lunéville (Sud). ⇒ Château.

Parux, 313 h., c. de Cirey.

Petit-Failly, 302 h., c. de Longuyon.

Petitmont, 920 h., c. de Cirey.

Pettonville, 169 h., c. de Baccarat.

Pexonne, 691 h., c. de Badonviller.

Phlin, 170 h., c. de Nomeny. ⇒ Restes d'un donjon ogival.

Pierre, 545 h., c. de Toul (Sud). ⇒ Grottes très curieuses, dans lesquelles ont été trouvées des antiquités des premiers âges de l'homme.

Pierre-Percée, 401 h., c. de Badonviller. ⇒ Ruines imposantes d'une forteresse.

Pierrepont, 1,512 h., c. de Longuyon.

Pierreville, 146 h., c. de Vézelise.

Pixerécourt, 96 h., de Nancy (Est).

Pompey, 1,852 h., c. de Nancy (Nord). ⇒ Cimetière franc dit le *Champ des Tombes,* où l'on a trouvé des armes dans des tombes. — Château ruiné.

Pont-à-Mousson, 10,970 h., ch.-l. de c. de l'arrond. de Nancy, sur la Moselle, qui la divise en deux parties : la ville vieille sur la rive dr., et la ville neuve sur la rive g. ⇒ Église Saint-Martin (mon. hist.), appartenant autrefois aux Antonistes, monument élégant de la fin du XIIIᵉ s. à l'an 1474, à trois nefs, mesurant 48 mèt. de longueur. Le portail, du style ogival fleuri, et la tour ont été construits vers 1460. Saint-sépulcre, dont les personnages sont plus grands que nature, et jubé du XVIᵉ s.—Église de l'ancienne abbaye de Sainte-Claire, fondée par le duc Charles II au XVIᵉ s. — Belle église de Sainte-Marie, construite en 1705. — Dans l'église Saint-Laurent, beau triptyque du XVIIᵉ s., représentant le Baptême du Christ, la Résurrection de Lazare, la Guérison des aveugles et la Transfiguration. — Bel hôpital civil. — Sur la place de l'Hôtel-de-Ville, entourée en partie d'arcades, maison avec tourelle en encorbellement et maison ornée de sculptures allégoriques (les Péchés capitaux). — Pont de 7 arches en plein cintre (fin du XVIᵉ s.). — Collège dans un ancien couvent de jésuites (cloître, chapelle et salle de la bibliothèque).— Bâtiments de l'abbaye de Saint-Martin, occupés par le petit séminaire. — Caserne de cavalerie. — Promenade du Cours (près de la gare), plantée de très-beaux arbres. — Restes du château de Mousson (débris de murailles et chapelle castrale du XIᵉ ou du XIIᵉ s.), sur une colline au S.-E. de la ville.

Pont-Saint-Vincent, 905 h., c. de Nancy (Ouest). ⇒ Église intéressante. — Maisons du xviᵉ s. — Pont de neuf arches.

Port-sur-Seille, 418 h., c. de Pont-à-Mousson. ⟶ Ancien château. — Dans l'église, pierres tombales intéressantes.

Praye, 473 h., c. de Vézelise. ⟶ Église bâtie en 1731.

Prény, 385 h., c. de Pont-à-Mousson. ⟶ Ruines d'un vaste château-fort, boulevard de la Lorraine contre le pays messin (mon. hist.). — Au milieu des bois, ruines de l'abbaye de Sainte-Marie-aux-Bois.

Preutin, 205 h., c. d'Audun-le-Roman.

Place de Pont-à-Mousson.

Pulligny, 682 h., c. de Vézelise. ⟶ Nombreuses maisons des xvᵉ et xviᵉ s. — Fontaine antique. — Restes d'un château.

Pulney, 219 h., c. de Colombey. ⟶ Retranchements gallo-romains.

Pulnoy, 115 h., c. de Nancy (Est).

Puxe, 131 h., c. de Conflans. ⟶ Château du xviiiᵉ s.

Puxieux, 259 h., c. de Chambley.

Quévilloncourt, 89 h., c. de Vézelize.

Raon-les-Leau, 295 h., c. de Cirey.

Raucourt, 402 h., c. de Nomeny. ⟶ Ancien château.

Raville, 157 h., c. de Lunéville (Nord).
Réchicourt-la-Petite, 181 h., c. d'Arracourt.
Réclonville, 202 h., c. de Blâmont.
Régniéville, 282 h., c. de Thiaucourt.
Rehainviller, 560 h., c. de Gerbéviller. ⟶ Ancien château d'Adoménil.
Reherrey, 291 h., c. de Baccarat.
Réhon, 845 h., c. de Longwy. ⟶ Ferme d'Heumont, où l'on a découvert un sarcophage en pierre. — Débris romains. — Église du xiiᵉ s.
Reillon, 126 h., c. de Blâmont.
Rembercourt, 346 h., c. de Thiaucourt.
Remenauville, 200 h., c. de Thiaucourt. ⟶ Belle église moderne.
Remenoville, 329 h., c. de Gerbéviller.
Réméréville, 559 h., c. de Saint-Nicolas.
Remoncourt, 181 h., c. de Blâmont.
Repaix, 252 h., c. de Blâmont.
Richardménil, 561 h., c. de Saint-Nicolas.
Rogéville, 206 h., c. de Domêvre.
Romain, 64 h., c. de Bayon.
Rosières-aux-Salines, 2,221 h., c. de Saint-Nicolas. ⟶ Église de style dorique, construite par l'architecte Nicolas Mique en 1745. — Hôtel de ville bâti en 1718. — Nombreuses maisons des xvᵉ et xviᵉ s. — Sur la place, fontaine monumentale.
Rosières-en-Haye, 274 h., c. de Domêvre.
Rouve, 200 h., c. de Nomeny.
Roville, 261 h., c. d'Haroué. ⟶ Ferme exploitée autrefois par Mathieu de Dombasle.
Royaumeix, 590 h., c. de Domêvre. ⟶ Belle église moderne.
Rozelieures, 553 h., c. de Bayon.
Saffais, 127 h., c. de Saint-Nicolas.
Saint-Ail, 157 h., c. de Briey.
Saint-Baussant, 225 h., c. de Thiaucourt.
Saint-Boingt, 275 h., c. de Bayon.
Saint-Clément, 952 h., c. de Lunéville (Sud).
Saint-Firmin, 502 h., c. d'Haroué.
Sainte-Geneviève, 473 h., c. de Pont-à-Mousson. ⟶ Vestiges d'un camp d'Attila.
Saint-Germain, 540 h., c. de Bayon. ⟶ Château moderne.
Saint-Jean, 203 h., c. de Longuyon. ⟶ Ancien couvent de Capucins.
Saint-Julien-lès-Gorze, 584 h., c. de Chambley.
Saint-Marcel, 189 h., c. de Conflans.
Saint-Mard, 116 h., c. de Bayon.
Saint-Martin, 246 h., c. de Blâmont. ⟶ Pèlerinage à la côte de la Chapelle.
Saint-Maurice, 203 h., c. de Badonviller.
Saint-Max, 908 h., c. de Nancy (Est).
Saint-Nicolas, 4,119 h., ch.-l. de c. de l'arrond. de Nancy, sur la Meurthe et le canal de la Marne au Rhin. ⟶ Église ogivale de 84 mèt. de longueur et de 37 mèt. de largeur, construite de 1495 à 1545 (mon. hist.), célèbre par les pèlerinages qui y avaient lieu sous l'invocation du patron saint Nicolas.
Saint-Pancré, 491 h., c. de Longuyon.
Sainte-Pôle, 415 h., c. de Badonviller.
Saint-Remimont, 414 h., c. d'Haroué.
Saint-Remy, 408 h., c. de Bayon.
Saint-Sauveur, 200 h., c. de Cirey. ⟶ Beau chœur d'une église abbatiale (xvᵉ s.).
Saint-Supplet, 378 h., c. d'Audun-le-Roman.
Saizerais, 757 h., c. de Domêvre. ⟶ La voie romaine de Scarponne à Toul traversait le territoire de ce village.
Sancy, 702 h., c. d'Audun-le-Roman. ⟶ Ruines d'un château-fort.
Sanzey, 258 h., c. de Toul (Nord).
Saulnes, 742 h., c. de Longwy.
Saulxerotte, 163 h., c. de Colombey. ⟶ Ermitage Saint-Amon, fondé au ivᵉ s.
Saulxures-lès-Nancy, 428 h., c. de Nancy (Est).
Saulxures-lès-Vannes, 777 h., c.

de Colombey. ⟶ Ruines du château de Mérigny et du village de Traprey.
Saxon-Sion, 313 h., c. de Vézelise. ⟶ Au nord de Sion, vestiges d'un camp romain. — Voie romaine. — Pèlerinage fondé au x° s.
Seichamps, 363 h., c. de Nancy Est).

Seicheprey, 252 h., c. de Thiaucourt.
Selaincourt, 467 h., c. de Colombey. ⟶ Ruines d'un couvent.
Seranville, 213 h., c. de Gerbéviller.
Serres, 550 h., c. de Lunéville (Nord). ⟶ Ancien couvent.

Cathédrale de Toul.

Serrière, 154 h., c. de Nomeny.
Serrouville, 712 h., c. d'Audun-le-Roman.
Sexey-aux-Forges, 482 h., c. de Toul (Sud). ⟶ Débris romains. — Église du xiv° s. — Château ruiné.
Sexey-les-Bois, 478 h., c. de Toul (Nord).

Sionviller, 193 h., c. de Lunéville (Sud).
Sivry, 276 h., c. de Nomeny.
Sommerviller, 710 h., c. de Lunéville (Nord).
Sornéville, 524 h., c. de Nancy (Est).
Sponville, 325 h., c. de Chambley.

Tanconville, 297 h., c. de Cirey.
Tantonville, 960 h., c. d'Haroué. ⟶ Deux châteaux ruinés.
Tellancourt, 409 h., c. de Longuyon.
Thelod, 409 h., c. de Vézelise. ⟶ Petit volcan éteint. — Ruines d'un château. — Église curieuse des XII° et XV° s.
They, 61 h., c. de Vézelise. ⟶ Vieux château.
Thézey-Saint-Martin, 362 h., c. de Nomeny. ⟶ Ancien château fort, dont il subsiste encore des tours et les restes des bâtiments.
Thiaucourt, 1,385 h., ch.-l. de c. de l'arrond. de Toul. ⟶ Débris de remparts. — Chapelle du XV° s.
Thiaville, 530 h., c. de Baccarat. ⟶ Restes d'un château.
Thiébauménil, 142 h., c. de Lunéville (Sud).
Thil, 337 h., c. de Longwy.
Thorey, 309 h., c. de Vézelise. ⟶ Voie romaine se dirigeant sur Vézelise.
Thuilley-aux-Groseilles, 286 h., c. de Colombey.
Thumeréville, 212 h., c. de Conflans.
Tiercelet, 320 h., c. de Longwy.
Tomblaine, 850 h., c. de Nancy (Ouest). ⟶ Beau pont en pierre de 5 arches. — École d'agriculture dite de Mathieu de Dombasle.
Tonnoy, 771 h., c. de Saint-Nicolas. ⟶ Ruines d'un château féodal avec une grosse tour ronde.
Toul, 10,085 h., ch.-l. d'arrond., sur la Moselle. ⟶ Voies romaines. — *Église Saint-Étienne* (mon. hist.), fondée en 970, édifice ogival, remarquable par la légèreté et l'élégance de sa construction (chœur et transsept du XIII° s.; nef et bas-côtés du XIV° s.; portail, chef-d'œuvre d'architecture, et tours, hautes de 75 mèt., du XV° s.). A l'intérieur : belle nef, haute de 36 mèt., longue de 88, large de 15 mèt. entre les piliers (27 mèt., y compris les deux collatéraux) ; chapiteaux des colonnes de la nef; beaux vitraux, particulièrement le grand vitrail du transsept (moderne), d'après les cartons de Casimir de Baltha-sar, et vitrail de 1567 (Baptême du Christ) ; buffet d'orgues soutenu par une voûte plate, merveille d'architecture ; maître-autel en marbre blanc et bleu turquin; chapelle du Sacré-Cœur (fondée par Stanislas, Marie Leczinska et le grand dauphin), et chapelles de Saint-Étienne et des Évêques ; siège épiscopal (XIII° s.) en pierre sculptée.— Sur le côté S. de l'église, beau *cloître* comprenant 27 travées qui s'ouvrent sur le préau par une grande arcade ogivale. Dans une chapelle attenant au cloître, joli morceau de sculpture (Adoration des bergers), trouvé en 1859 à Pont-à-Mousson. — *Église Saint-Gengoult* (mon. hist.), du style ogival (XIII° s.). — Portail, surmonté d'une grande fenêtre ogivale à trois compartiments, et flanqué de deux tours d'un aspect sévère (celle du N. est seule terminée). A l'intérieur : élégantes colonnettes ; vitraux; pierres tombales. —*Cloître* du XVI° s., se signalant par la richesse et la variété de ses sculptures, — *Hôtel de ville* installé dans l'ancien palais épiscopal (XVIII° s.). — *Pont* en pierre (1770) sur la Moselle. — *Porte* d'entrée et *donjon* de la maison appelée *le Gouvernement* (rue Foy).—Soubassements de deux très-vieilles *tours* (rue des Tanneurs).— *Casernes.* — *Collège.— Halles.* — *Forts* détachés, construits depuis 1871 et dominant la ville.
Tramont-Émy, 112 h., c. de Colombey.
Tramont-Lassus, 205 h., c. de Colombey.
Tramont-Saint-André, 291 h., c. de Colombey.
Tremblecourt, 285 h., c. de Domèvre.
Trieux, 436 h., c. d'Audun-le-Roman. ⟶ Vaste église reconstruite en 1822 ; clocher, reste de l'ancien édifice; à l'intérieur, maître-autel orné de 13 statuettes (le Christ et les Douze Apôtres), taillées dans une seule pierre.
Trondes, 677 h., c. de Toul (Nord). ⟶ Église du XII° s.
Tronville, 270 h., c. de Chambley.
Tucquegnieux, 290 h., c. d'Audun-le-Roman.

Ugny, 378 h., c. de Longuyon.
Uruffe, 809 h., c. de Colombey.
Vacqueville, 627 h., c. de Baccarat. ⟶ Église de 1520.
Val-et-Châtillon, 1,421 h., c. de Cirey.
Valhey, 285 h., c. de Lunéville (Nord).
Valleroy, 495 h., c. de Briey.
Vallois, 370 h., c. de Gerbéviller.
Vandelainville, 194 h., c. de Thiaucourt. ⟶ Beau clocher du xvie s.
Vandeléville, 519 h., c. de Colombey. ⟶ Vestiges de deux camps romains. — Sous l'église, crypte très curieuse. — Château.
Vandières, 756 h., c. de Pont-à-Mousson.
Vandœuvre, 1,247 h., c. de Nancy (Ouest). ⟶ Chapelle curieuse. — Au Montet, écho remarquable.
Vannes, 646 h., c. de Colombey. ⟶ Restes d'un beau château.
Varangéville, 1,441 h., c. de Saint-Nicolas. ⟶ Église du xve s. — Restes d'une église conventuelle (xie s.).
Vathiménil, 599 h., c. de Gerbéviller.
Vaucourt, 324 h., c. de Blâmont.
Vaudémont, 277 h., c. de Vézelise. ⟶ Vestiges d'un camp romain avec château du même temps, dont il reste des ruines gigantesques et un donjon appelé la *tour Brunehaut* (mon. hist.). — Restes d'une autre forteresse du moyen âge.
Vaudeville, 455 h., c. d'Haroué. ⟶ Débris romains.
Vaudigny, 156 h., c. d'Haroué.
Vaxainville, 165 h., c. de Baccarat.
Vého, 311 h., c. de Blâmont.
Velaine-en-Haye, 434 h., c. de Nancy (Nord).
Velaine-sous-Amance, 333 h., c. de Nancy (Est).
Velle-sur-Moselle, 238 h., c. de Bayon.
Veney, 170 h., c. de Baccarat.
Vennezey, 89 h., c. de Gerbéviller.
Verdenal, 341 h., c. de Blâmont.
Vézelise, 1,459 h., ch.-l. de c. de l'arrond. de Nancy. ⟶ Église ogivale à 3 nefs, commencée en 1450 par Ferry, comte de Vaudémont, et finie au xvie s. Nombreuses pierres tombales. — Maisons des xve, xvie et xviie s. — Ruines du château de Velaine.
Viéville-en-Haye, 256 h., c. de Thiaucourt.
Vigneulles, 272 h., c. de Bayon.
Vilcey-sur-Mad, 360 h., c. de Chambley.
Vilcey-sur-Trey, 285 h., c. de Thiaucourt. ⟶ Restes (xiie s.) de l'abbaye de Sainte-Marie-aux-Bois.
Villacourt, 851 h., c. de Bayon.
Ville-au-Montois, 636 h., c. de Longwy.
Ville-au-Val, 309 h., c. de Pont-à-Mousson.
Ville-en-Vermois, 305 h., c. de Saint-Nicolas.
Ville-Houdlémont, 507 h., c. de Longwy.
Villers-en-Haye, 290 h., c. de Domèvre.
Villers-la-Chèvre, 229 h., c. de Longuyon.
Villers-la-Montagne, 1,147 h., c. de Longwy. ⟶ Dans la forêt de Sélaumont, traces d'une ville gauloise ou romaine.
Villers-le-Rond, 113 h., c. de Longuyon.
Villers-lès-Moivrons, 120 h., c. de Nomeny.
Villers-lès-Nancy, 765 h., c. de Nancy (Nord).
Villers-sous-Prény, 360 h., c. de Pont-à-Mousson.
Villerupt, 726 h., c. de Longwy.
Ville-sur-Yron, 358 h., c. de Conflans.
Villette, 272 h., c. de Longuyon. ⟶ Deux châteaux.
Villey-le-Sec, 741 h., c. de Toul (Sud).
Villey-Saint-Étienne, 721 h., c. de Domèvre. ⟶ Vestiges d'un château.
Virecourt, 527 h., c. de Bayon.
Viterne, 1,005 h., c. de Vézelise.
Vitrey, 378 h., c. de Vézelise.
Vitrimont, 510 h., c. de Lunéville (Nord). ⟶ Ancien château.
Vittonville, 149 h., c. de Pont-à-Mousson.

Viviers, 627 h., c. de Longuyon, ⟶ Église ogivale.

Voinémont, 257 h., c. d'Haroué. ⟶ Clocher roman.

Vroncourt, 185 h., c. de Vézelise. ⟶ Château ruiné.

Waville, 514 h., c. de Chambley ⟶ Église (xiii° s.); portail du xiv° s.; trois nefs d'égale hauteur; vaste tribune; restes de fresques du xiii° s.

Xammes, 298 h., c. de Triaucourt.

Xermaménil, 371 h., c. de Gerbéviller.

Xeuilley, 333 h., c. de Vézelise.

Xirocourt, 704 h., c. d'Haroué.

Xivry-Circourt, 462 h., c. d'Audun-le-Roman.

Xonville, 263 h., c. de Chambley.

Xousse, 328 h., c. de Blâmont.

Xures, 349 h., c. d'Arracourt.

1228. — Imprimerie Lahure, rue de Fleurus, 9, à Paris.

MEURTHE ET MOSELLE

LIBRAIRIE HACHETTE ET Cie

A PARIS, BOULEVARD SAINT-GERMAIN, 79

NOUVELLE COLLECTION DES GÉOGRAPHIES DÉPARTEMENTALES,
PAR AD. JOANNE
FORMAT IN-12 CARTONNÉ

Prix de chaque volume. . . . . 1 fr.

(Janvier 1881)

74 départements sont en vente

EN VENTE

Département	Gravures	Carte		Département	Gravures	Carte
Ain	11 gravures,	1 carte.		Jura	12 gravures	1 carte.
Aisne	20	1		Landes	11	1
Allier	27	1		Loir-et-Cher	13	1
Alpes-Maritimes	15	1		Loire	16	1
Ardèche	12	1		Loire-Inférieure	18	1
Ariége	8	1		Loiret	22	1
Aube	14	1		Lot	8	1
Aude	9	1		Lot-et-Garonne	12	1
Basses-Alpes	10	1		Maine-et-Loire	22	1
Bouch.-du-Rhône	24	1		Manche	15	1
Calvados	11	1		Marne	12	1
Cantal	14	1		Meurthe-et-Moselle	17	1
Charente	15	1		Morbihan	13	1
Charente-Infér	11	1		Nièvre	9	1
Cher	12	1		Nord	17	1
Corrèze	11	1		Oise	10	1
Corse	11	1		Orne	13	1
Côte-d'Or	21	1		Pas-de-Calais	9	1
Côtes-du-Nord	10	1		Puy-de-Dôme	16	1
Deux-Sèvres	14	1		Pyrén.-Orient	13	1
Dordogne	14	1		Rhône	19	1
Doubs	15	1		Saône-et-Loire	23	1
Drôme	13	1		Sarthe	16	1
Eure-et-Loir	17	1		Savoie	14	1
Finistère	16	1		Seine-et-Marne	13	1
Gard	12	1		Seine-et-Oise	17	1
Gers	11	1		Seine-Inférieure	15	1
Gironde	15	1		Somme	12	1
Haute-Garonne	12	1		Tarn	11	1
Haute-Saône	12	1		Tarn-et-Garonne	8	1
Haute-Savoie	10	1		Var	12	1
Haute-Vienne	11	1		Vaucluse	16	1
Hautes-Alpes	18	1		Vendée	14	1
Hautes-Pyrénées	14	1		Vienne	15	1
Ille-et-Vilaine	14	1		Vosges	16	1
Indre	22	1		Yonne	17	1
Indre-et-Loire	21	1				
Isère	10	1				

IMPRIMERIE A. LAHURE, RUE DE FLEURUS, 9, A PARIS.

www.ingramcontent.com/pod-product-compliance
Lightning Source LLC
LaVergne TN
LVHW050623090426
835512LV00008B/1631